HEYNE <

KEVIN RAY

Dorfkind

... und stolz drauf

Mein verrücktes Leben auf dem Land

Vorteil: Jeder kennt jeden
Nachteil: Jeder kennt jeden

WILHELM HEYNE VERLAG
MÜNCHEN

MIX
Papier aus verantwortungsvollen Quellen
FSC® C014496

Verlagsgruppe Random House FSC® N001967

Taschenbucherstausgabe 06/2020

Der Wilhelm Heyne Verlag, München,
ist ein Verlag der Verlagsgruppe Random House GmbH,
Neumarkter Straße 28, 81673 München
Redaktion: Dr. Henning Thies
Umschlaggestaltung: Hauptmann & Kompanie Werbeagentur,
Zürich, unter Verwendung eines Fotos von © Kay Blaschke
Illustrationen: Daniel Wegmann, Motion Pixels Werbeagentur
Satz: Satzwerk Huber, Germering
Druck: GGP Media GmbH, Pößneck
Printed in Germany
ISBN: 978-3-453-60546-6

www.heyne.de

Inhalt

1. Mein erster Kuss

Ich weiß, du liest die Überschrift dieses Kapitels und denkst, das kann doch maximal zwei oder drei Wochen her sein. Und ich muss dir sagen, du liegst fast richtig. Allerdings lautet die Überschrift nicht Mein erstes Mal, sondern Mein erster Kuss, daher nur fast.

Bevor ich dir mehr über mich und meinen ersten Kuss erzähle, möchte ich kurz Folgendes festhalten: In meinem Dorf war die Auswahl an Frauen, die man küssen konnte, begrenzt. Der Ärger war an manchen Tagen so groß, dass ich mich hin und wieder mal fragte, ob meine Cousine wirklich zur Verwandtschaft gehörte.

Den Tag meines ersten Kusses werde ich definitiv nicht vergessen. Es war irgendwann im August 1997 oder 1998. Wir hatten ein Schulfest! Du weißt, wovon ich spreche. Alle Eltern kamen vorbei und kümmerten sich ehrenamtlich um verschiedene Stände. Ich war meiner Mutter während ihrer Schicht nicht von der Seite gewichen. Okay, um ehrlich zu sein, ging es mir einzig und allein um die Bratwürstchen, für die meine Mutter zuständig war.

Irgendwie war unser Schulfest öde. Nicht mal Fußball durften wir spielen. Am Anfang hatte unsere Klassenlehrerin Frau Hockland sogar noch mitgespielt, aber dann brach sie das Spiel schlagartig ab und nahm uns den Ball weg. Einfach so. Unsere Frage nach dem »Warum« überhörte sie bewusst.

Vielleicht hatte es etwas mit ihren fehlenden fußballerischen Fähigkeiten zu tun, vielleicht aber auch damit, dass sie alleine einschussbereit vor dem leeren Tor stand und ich auf sie lossprintete, um sie in letzter Sekunde mit einer meisterlichen Blutgrätsche davon abzuhalten. Zugegeben, wir alle haben die kreisenden Sternchen über ihrem Kopf gesehen – so wie bei Bugs Bunny, wenn er vom Himmel auf den Boden fällt –, aber das war noch lange kein Grund, das Spiel wie eine beleidigte Leberwurst abzubrechen. Kurz nachdem sie wieder zu sich kam, schrie sie mich an: »Bist du noch ganz knusper, Junge?! Was war das denn?« – »Das war Ball gespielt, internationale Härte«, sagte ich fast schon ein bisschen stolz. Sie schaute mich an und signalisierte mir, dass sie mich am liebsten verprügelt hätte. Diese Art von Kommunikation gefiel mir. Also schaute ich sie zuerst ernst an, drehte mich zu meiner Mutter, schaute zu ihr rüber, schaute wieder zu Frau Hockland, wieder zu meiner Mutter, und wieder zurück zu Frau Hockland. Und grinste.

Um ehrlich zu sein, war meine Abwehr vor dem eigenen Tor nicht äußerst charmant, zumal wir 7:0 führten, aber ich war zu ehrgeizig dafür, ein 7:1 einfach so zuzulassen.

So hing ich also bei meiner Mutter am Bratwurststand ab. Ich trug ein weißes Shirt, auf dem man so viele Ketchup-Flecken zählen konnte, dass sich vermuten ließ, ich wäre Teil eines brutalen Mordes gewesen.

Meine Blicke richteten sich die letzten 30 Minuten auf ein Mädchen: Emelie. Sie war meine Grundschulliebe und das einzige Mädchen, mit dem ich meine Capri Sonne geteilt hätte. Ein altes Sprichwort besagt: Wenn man seine Capri Sonne teilt, muss es wahre Liebe sein. Ich hätte Emelie stundenlang beobachten können. Sie war so hübsch, dass ich mich nicht einmal traute, sie anzusprechen. Ich träumte vor mich hin. Vertieft in meinen Gedanken malte ich mir den perfekten Flirt aus. Ich stellte mir vor, wie sie zu mir an den Bratwurststand rüberkommt und ich sie ganz cool anschaue und sage: »Hey Girl, willst du eine Bratwurst? Vielleicht kann ich was für dich raushandeln. Meine Mama grillt die.«

Kennt ihr das, wenn ihr plötzlich wach werdet und gerne gewusst hättet, wie euer Traum zu Ende gegangen wäre? So fühlte ich mich, als Freddi mich in die Realität zurückholte. Na toll. Ich wusste nicht, was Emelie gesagt hätte. »Keeeeeeevin, sag mal Klettergerüst!« Du weißt, wie der Spruch weitergeht. Ich frage mich heute noch, wie man sich von so einem Spruch ärgern lassen konnte.

Freddi und ich unterhielten uns über Themen, über die sich Sieben- bis Achtjährige eben unterhalten: Pokémon-Sammelkarten, Dragonball und Koks. Spaß, natürlich haben wir uns nicht über Dragonball unterhalten.

Wie aus dem Nichts kam Pascal plötzlich angelaufen. Er nahm uns zur Seite und flüsterte uns so leise ins Ohr, dass wir zunächst nur seinen Atem spürten. »Was hast du gesagt?«, fragte ich. Wieder flüsterte er so leise, als wären seine Worte ein Staatsgeheimnis, aber zumindest verstanden wir ihn jetzt: »Wahrheit, Wahl oder Pflicht. In zehn Minuten treffen wir uns hinter dem Getränkewagen.« Mein Puls war auf 180. Wahrheit, Wahl oder Pflicht war das mutigste Spiel für einen Sieben- bis Achtjährigen. »Alles klar, los geht's!«, dachte ich mir. Wir schlichen uns möglichst unauffällig hinter den Getränkewagen. Das Spiel der Spiele stand auf dem Plan. Ich schaute mich um. Pascal, Freddi, Steven und ich hat ten es ohne Ermahnung hinter den Getränkewagen geschafft. »Worauf warten wir?«, wollte ich wissen. »Wir müssen uns noch zwei Minuten gedulden, Anne und Emelie kommen noch«, sagte Pascal und versuchte dabei seine Stimme rauchig klingen zu lassen. Es gelang ihm nicht.

Nach außen hin strahlte ich pure Coolness aus, aber innerlich drehte sich mein Magen, mein Herz raste, und meine innere Stimme schrie lauter als Frau Hockland. EMELIEEEEE?!

Meine Gedanken spielten mal wieder einen kurzen Film ab: »Wenn Emelie mich fragen würde, woher die roten Flecken auf meinem weißen Shirt kämen, würde ich eiskalt sagen: ›Wenn ich dir das sage, müsste ich dich leider AUCH töten.‹« Es war so weit. Wir waren vollständig. Kannst du dich noch an deine Wahrheit, Wahl oder Pflicht-Zeit erinnern?

Wahrheit sah folgendermaßen aus. Die Mitspieler ließen es so aussehen, als würden sie tief in ihrem Fragenkatalog nach einer zufälligen Frage suchen. Mit Blicken in die Luft und offensichtlichen »Äääähm«s verliehen die anderen dem Spiel zumindest einen spontanen Charakter. Aber im Endeffekt stand die Frage schon lange vor Spielbeginn fest: In wen bist du verliebt? Sobald das Thema geklärt war, war es fast unmoralisch, noch mal Wahrheit zu wählen. Schließlich hatten sich die anderen für keine weiteren Informationen interessiert.

Für Pflicht hatte man sich nur entschieden, wenn man dumm war. Man war verpflichtet, die genannte Aufgabe zu bewältigen, und zwar ohne Wenn und Aber. Die Kategorie Wahl hatte dagegen mehrere Optionen. Zwar ging es ebenfalls um eine Aufgabe, aber immerhin konnte man zwischen drei Aufgaben entscheiden. Die zwei beschissensten Aufgaben fielen also automatisch weg.

Freddi war an der Reihe. Er drehte die Flasche. Der Flaschenkopf zeigte auf mich. Wahrheit hatte ich ausgeschlossen. Das Risiko, dass Freddi mir die Frage stellen würde, die in 100 Prozent aller Fälle gestellt wird,

wollte ich nicht eingehen. Schließlich war Emelie dabei. Ich war um alles in der Welt noch nicht bereit, diesen Schritt zu wagen. Es wäre definitiv der falsche Zeitpunkt gewesen, vor ihr zuzugeben, dass ich meine Capri Sonne mit ihr teilen würde. Na ja. Pflicht war, wie gesagt, für Dumme. Mir blieb also nur noch Wahl.

Mit einem einzigen Wort verkündete ich meine Entscheidung. »Wahl«, sagte ich selbstbewusst.

»Okay. Hmmm. Küss Pascal für drei Sekunden auf den Mund. Küss Steven für drei Sekunden auf den Mund. Oder küss Emelie für eine Sekunde auf den Mund«, sagte Freddi. Ihm war deutlich anzusehen, wie beeindruckt er von seiner Idee war. Alles, was ich dachte, war: »Du elendiger Hund!«

Heute weiß ich, er wollte mir nur zu meinem Liebesglück verhelfen. Damals wusste ich schon: Freddi ist ein Freund fürs Leben. Auch wenn Freddi mir quasi die Wahl ließ, war ich irgendwie gezwungen, mich für diesen einen Kuss zu entscheiden. Und so kam es dann zu meinem ersten Kuss. Mit Pascal.

2. Freundschaft fürs Leben

Wir alle haben sie, wir alle haben diese Freunde fürs Leben! Hast du dir mal vorgestellt, du seist an einem ganz anderen Ort aufgewachsen und hättest deine besten Freunde niemals kennengelernt? Eigentlich kaum vorstellbar, oder? Natürlich hätte ich dann heute andere Freunde, und auch wenn ich nie erfahren werde, wer diese anderen Freunde gewesen wären, eines steht fest: Meine besten Freunde sind nicht zu toppen. Ich glaube, ich spreche auch für dich, wenn ich sage, dass ohne unsere besten Freunde etwas in unserem Leben fehlen würde.

Es würde sich anfühlen wie Chicken McNuggets ohne Süß-Sauer-Soße, Dragonball ohne Son-Goku oder ein Schützenfest ohne Abenteuerland. Man stirbt zwar nicht davon, aber warum sollte man freiwillig auf die Süß-Sauer-Soße verzichten, wenn sie doch schon erfunden wurde? Meine Süß-Sauer-Soße heißt Freddi! Zugegeben, war das nicht immer so, aber alle guten Freundschaften beginnen doch mit Hass, oder? Freddi und ich konnten uns im Kindergarten überhaupt nicht leiden. Allerdings hatte dies auch seinen Grund. Es nervte mich, dass er jeden Tag aufs Neue versuchte, den höchsten Turm zu bauen. Denn ich war mit 36 Bauklötzen der

Rekordhalter. Dieses Projekt hatte mich Blut, Schweiß und Tränen gekostet. Ich hatte jedoch keine Bedenken, dass er mir den Titel nehmen könnte. Schließlich konnte er sich nicht einmal selbst den Arsch abwischen. Gut, ich zwar auch nicht, aber darum ging es nicht. Es nervte mich einfach.

Danach herrschte also erstmal dicke Luft zwischen uns beiden. Doch wir hatten uns beide im Griff, zumindest im nüchternen Zustand. Sobald wir aber den Kleber inhaliert hatten, hatte der Revierkampf begonnen.

Du kennst doch sicherlich die Filme aus Amerika, in denen Gangs aus verschiedenen Vierteln Bandenkriege führen, oder? Einer aus der Gang hatte immer das Sagen. So war das auch bei Freddi und mir. Freddi und ich landeten nach einigen Monaten in zwei getrennten Gruppen. Dies geschah aber völlig zufällig, da die Gruppe irgendwann so groß wurde, dass die Kindergartenleiterin sich dazu entschied, die Gruppe zu splitten. Na ja. Zurück zu unseren Gangs. Freddis Viertel war Knirpsenhausen, mein Viertel dagegen Stinkersheim. Wir beide bekamen jeweils Respekt von unseren Gangs, weil Freddi der größte Knirps in seinem Viertel war und weil ich der einzige Stinker war, der sich im Kindergarten noch nie in die Hose gemacht hatte. Jedenfalls war eine Eskalation beider Gruppen vorprogrammiert. Dies war allein schon der Tatsache geschuldet, dass Knirpsenhausen ein Klettergerüst im Zimmer hatte. Wir bekamen im Gegenzug das Bällebad, was im Vergleich zum Klettergerüst echt lächerlich war. Aber wie es im Leben so ist, möchte man immer genau das, was man vermeintlich nicht haben kann.

Sobald wir den Klang der Triangel hörten, durften wir immer unsere Schuhe und Jacken anziehen und draußen im Sandkasten spielen. Oft lag dieser Zeitpunkt bei allen Gruppen nah beieinander. Normalerweise wollten unsere Erzieherinnen uns ein gemeinsames Spielen ermöglichen, doch für Freddi und mich war der Ring eröffnet.

Freddi und ich hatten mehr auf der Strafbank gesessen als jeder Eishockeyspieler in seiner gesamten Karriere. Immer wenn wir uns unbeobachtet fühlten, mutierten wir zu einem sogenannten Frechdachs. Freddi hatte mir mal eine Schaufel über den Kopf gezogen, und zwar so heftig, dass das Blechteil danach verbogen war. So was ließ ich schon damals nicht auf mir sitzen, also hatte ich ihm ans Bein gepisst. Damit meine ich nicht, dass ich ihn verpetzte, sondern wortwörtlich: Ich hatte ihm ans Bein gepisst.

Schon im Kindergarten hatte ich also gelernt, das Sprichwort »Was sich liebt, das neckt sich«, zählt nicht nur für Junge und Mädchen. Auch wenn man den Moment, jemandem ans Bein zu pissen, nicht unbedingt Liebe nennen würde.

Meine Mutter wurde natürlich immer über unseren Ärger informiert, wobei sie auch von alleine darauf gekommen wäre, dass Freddi für meine Platzwunde am Kopf verantwortlich war. Um ehrlich zu sein, hatte es sie sogar kaum gewundert. »Zwei Löwen, typisch! Beide wollen nicht nachgeben«, sagte sie jedes Mal. Und sie hatte recht! Nachgeben war für uns keine Option. Es beruhigte mich sogar ein bisschen, zu wissen, dass mein Horoskop mich in Schutz nahm. Ich konnte einfach nichts dafür.

Und mit dieser Einstellung nahm der Kindergartenkrieg seinen Lauf. Ich erinnere mich noch an den Tag, an dem unsere Erzieherin uns beide zur Seite genommen hatte, um das Kriegsbeil in Frieden zu begraben. »Kommt, Jungs, muss das sein? Hört doch mal auf damit. Denkt immer daran: Der Klügere gibt nach!« Mit diesen Worten erhoffte sie sich Einsicht. Daraufhin meinte ich: »Tja, und ich bin dumm!« Es hatte keine Sekunde gedauert, da konterte Freddi mit: »Und ich bin noch dümmer!« Und damit wollte er mich bekämpfen? »Ich bin immer einmal mehr dumm wie du!«, entgegnete ich siegessicher. Freddi hob seine Faust. Und ich rannte ihn um, ehe er mich boxen konnte. »Es heißt als du, nicht wie du«, korrigierte unsere Erzieherin mich und half Freddi dann erst vom Boden.

Heute weiß ich, wir hatten beide recht! Wir waren beide nicht die hellsten Kerzen auf der Torte.

Auch wenn ich mir gewünscht hätte, noch einige Jahre im Kindergarten bleiben zu können, stand die Einschulung vor der Tür. Wer kommt in die A, und wer kommt in die B? In der A-Klasse waren alle Kinder aus dem Dorf, und in der B-Klasse waren alle Kinder, die von außerhalb kamen. Heute habe ich auch gute Freunde aus den Nachbardörfern, aber als Kind dachte ich immer: »Die sind komisch!«

Der erste Schultag stand an. Ich war mit Absicht die letzten 24 Stunden nicht auf der Toilette gewesen, für den Fall eines Streits. Auch aus Freddis Rucksack schaute nicht zufällig eine Schaufel heraus. Bevor du dir vor lauter Spannung das nächste Mikrowellen-Popcorn besorgst oder dir die Fingernägel abkaust, nehme ich dir mal lieber die Spannung raus. Es kam zu keiner Auseinandersetzung. Auch in den darauffolgenden Wochen passierte nichts, kein aggressives Verhalten, nicht mal ein Streit, einfach nichts.

Kurz vor den Herbstferien verkündete unsere Klassenlehrerin, Frau Hockland, wohin unser erster Schulausflug führen würde. Kannst du dich noch an deinen ersten Schulausflug erinnern? Ich komme aus einem Dorf in der Nähe von Trier. Als Kind war Trier aber ganz schön weit weg. Dorthin also ging unsere Reise am zweiten Tag nach unseren Herbstferien. Mit einem gemieteten Doppeldecker-Bus fuhren die ersten beiden Jahrgangsstufen in die Trierer Innenstadt. Du glaubst gar nicht, wie aufregend das war! Als wir Trier erreichten und nacheinander aus dem Bus stiegen, fühlte ich mich, als hätte ich soeben Atlantis entdeckt.

Zuallererst stand Sightseeing auf dem Programm. Von der Porta Nigra hast du bestimmt schon mal gehört, oder? Während der gesamten Führung freute ich mich am meisten auf die Essenspause. Zuvor warf ich nämlich einen Blick in meinen Rucksack, daher wusste ich genau, was mich an diesem Tag erwartete: fünf Päckchen Capri Sonne, ein belegtes Schinken-Käse-Brötchen mit Remouladensauce, zwei Knoppers, und anstelle des gewohnten Apfels gab es eine Rosinenschnecke mit reichlich Zuckerguss. Ja, es war ein Lunch-Paket, mit dem meine Mutter jedem Drei-Gänge-Menü Konkurrenz machte.

Alle Kinder, die dieses lieblose Toastbrot mit ein bisschen Nutella dabeihatten, das so trocken war, dass es staubte, wenn man reinbiss, hassten mich. Andreas aus der B war so ein Kind. Natürlich habe ich ihn nicht tatenlos zusehen lassen. »Hey, Andreas, willst du ne Capri Sonne?« – »Na klar!«, antwortete er mit strahlenden Augen. Er konnte sein Glück kaum fassen. »Alles klar, macht dann fünf Euro.«

Dass diese Geschäftsidee sich als so große Geldquelle erwies, hätte ich nie für möglich gehalten. Im Laufe meiner Grundschulzeit wurde ich zum besten Dealer, von dem die Schüler je gehört hatten. Ich verkaufte alles. Egal, ob Brötchen, Capri Sonne oder Bleistifte. Ich war so gut, ich schaffte es sogar mal, eine Perspektive zu verkaufen.

Zurück zum Schulausflug. Im Anschluss an die historische Führung versprach Frau Hockland uns eine Belohnung. Die Belohnung kostete mich allerdings 4,50 Euro, denn das Popcorn übernahm unsere Klassenkasse leider nicht. Du ahnst es schon. Richtig, es ging ins Kino. Genauer gesagt, in die Kinder-Late-Night-Vorstellung um 15.30 Uhr.

Wir warteten im Foyer, bis der Saal eröffnen sollte. Meine Popcorn-Tüte war bereits zur Hälfte leer. Was jetzt passierte, muss vom lieben Gott so vorgesehen worden sein! Ich weiß bis heute nicht, was Freddi gemacht oder gesagt hatte. Aber er wurde verkloppt, und zwar von zwei komischen Kindern aus der B-Klasse. Vielleicht hatte er es verdient, aber wenn jemand Freddi verkloppt… oder anpinkelt, dann ich!

Wann habt ihr euren ersten James-Bond-Film gesehen? Ich muss gestehen, den ersten James Bond habe ich gesehen, als ich noch nicht mal laufen konnte. Was war dein erstes Wort? »Mama«? »Papa«? Oder »Kaka«? Ich überraschte direkt mit zwei Wörtern: »James Bond«! Dementsprechend war ich top motiviert, Freddi zu helfen. Denn James Bond hätte zwei gegen eins niemals zugelassen. Ich eilte zu Freddi und fragte einen der beiden Jungs aus der B, ob er mein Popcorn festhalten könnte. Im Grunde genommen gab ich ihm keine Wahl, denn ich drückte ihm einfach die Tüte in die Hände und wusste, er würde sie nicht fallen lassen.

Der Junge schaute mich perplex an. Dieser Moment war perfekt. Er war machtlos, denn er hatte keine Hand mehr frei. BÄÄÄM! Ich schlug ihm mit meiner Rechten ins Gesicht. Er lag am Boden. Auf ihm verteilt lag das Popcorn. Mit blutiger Nase fragte er mich: »Wer bist du überhaupt?« – »Ray. Kevin Ray«, antwortete ich und zupfte an meinem Shirt, um stilgetreu meinen imaginären Anzug zu richten – wie James Bond eben.

Freddi war sprachlos. Er hätte mit allem gerechnet, nur nicht mit einer Rettung aus Stinkersheim.

Ehe Freddi dem zweiten Jungen aus der B eine verpassen wollte, hatte der die Flucht ergriffen, um einen Lehrer zu holen. Ein klassisches Mitläufer-Kind, das den Kampf niemals alleine begonnen hätte. Wie klar, dass ausgerechnet Frau Hockland dem Jungen zum Tatort folgte. »Was ist hier los?«, brodelte sie vor Wut. Freddi wusste genau, was er zu sagen hatte: »Wonach sieht's denn aus?

Die beiden wollten Kevin das Popcorn klauen. Als wir es zurückhaben wollten, ist er hingefallen!«

Auch im Lehrerzimmer machte die verfeindete Beziehung zwischen Freddi und mir bereits die Runde. Dass wir keine Freunde waren, war demnach auch Frau Hockland bekannt. Warum sollte also ausgerechnet er mich in Schutz nehmen? Freddis Lüge war so gut getarnt wie Jackie Chan in einem vollen China-Imbiss.

Unser Verhalten blieb auch von meiner Mutter nicht unkommentiert: »Zwei Löwen, typisch!«

Ich weiß nicht, wie ich diese Situation beschreiben soll, aber es war der Anfang einer Freundschaft, und zwar von einer dieser Freundschaften, die man niemals finden würde, wenn man gezielt danach gesucht hätte. Dieser zweite Tag nach den Herbstferien in der ersten Klasse veränderte mein Leben. Und das sage ich jetzt nicht, weil man so was in solchen Situationen eben sagt. Gut, es klingt nach einem typischen Filmzitat, aber du wirst im Laufe des Buches noch merken, welche entscheidende Rolle Freddi in meinem Leben spielt. Jedenfalls sind wir seit diesem einen Tag ein unzertrennliches Team. Auch wenn ich damals auf dem Schulhof alles Mögliche für unverschämte Preise verkauft habe, wusste ich schnell: Die Freundschaft mit Freddi gebe ich für kein Geld der Welt her. Diese Freundschaft ist bis heute unbezahlbar.

3. Zu jung für Alkohol, zu alt für Cola

Kannst du dich noch an dein erstes Mixery erinnern? Mega, oder? Als Dorfkind hast du in deiner Jugend gar keine Chance, an Alkohol vorbeizukommen. Es waren immer die klassischen Mutproben: Beim Bauern den Zaun anfassen, der unter Strom steht. Oder bei dem Opa Klingelstreiche spielen, von dem man weiß, er würde sich so sehr aufregen, dass er sich für einen weiteren Klingelstreich auf die Lauer legen würde und den ganzen Abend an nichts Anderes mehr denken. Bei uns lautete die Mutprobe: Wer traut sich ein Mixery zu trinken? Du merkst selbst: In meiner Dorf-Clique hatte ein cooles Image oberste Priorität.

Wir beide wissen, auf dem Dorf erlebt man viele Dinge früher als in der Stadt. Kein Dorfkind kann in der ersten Fahrstunde noch kein Auto fahren. In der Regel korrigieren wir den Fahrlehrer. Auf der Stand-up-Bühne sage ich so schön: »Zum ersten Mal bin ich Auto gefahren, da war ich in der vierten Klasse. Ich wurde von einem Polizisten angehalten, und der Polizist war sogar eine Klasse unter mir! Das ist Dorf!«

Ich werde nie vergessen, wie meine Lehrerin, Frau Kortsch, uns zum ersten Mal ein Kondom zeigte. Wenige Sekunden später fragte sie neugierig: »Kann mir jemand von euch sagen, was das hier ist?« – »Natürlich!«, rief ich laut in die Klasse. »Das ist ein Kondom. Ich habe mir schon oft eins übergezogen. Letzte Woche war ich bei Emelie, da ist sogar eins geplatzt!« Frau Kortsch wirkte tiefenentspannt und warf mir kurz darauf einen »Kevin-labert-mal-wieder-Scheiße«-Blick zu. Verärgert über die Tatsache, dass sie mir mal wieder nichts zutraute, schaute ich Emelie erwartungsvoll an. »Ja, das war sehr lustig!«, kicherte Emelie verlegen. Und Emelie hieß nicht Kevin. Grund genug also, sich ernsthafte Gedanken zu machen, dachte sich Frau Kortsch.

Bevor du jetzt denkst: Oha, das nenne ich aber mal frühreif. Wir dachten, Kondome zieht man sich über den Kopf bis unter die Nase und bläst sie dann mit der Nase auf. Zu dem Zeitpunkt hatte ich keine Ahnung, wofür ein Kondom wirklich gedacht war. Die Überforderung jedoch stand Frau Kortsch auf die Stirn geschrieben. Und wie reagieren junge, hilflose Lehrer? Richtig, sie suchen das Gespräch mit den Eltern. So auch Frau Kortsch.

Am nächsten Morgen saßen Emelie und ich nichtsahnend in einem Raum neben dem Lehrerzimmer. Frau Kortsch machte einen angespannten Eindruck. Alles, was sie sich zu sagen traute, war: »Eure Eltern kommen gleich. Da gibt es etwas, was wir gemeinsam besprechen sollten.« Ich konnte sehen, wie sich Frau Kortsch gedanklich irgendwelche Wörter zurechtlegte, während sie regelmäßig und leicht nervös auf ihre zerkratzte Armbanduhr schaute. Für mich war das Ganze schon fast ein bisschen aufregend. In meinem Kopf sammelten sich die unterschiedlichsten Vorstellungen: Dürfen wir eine Klasse überspringen, weil wir den anderen Schülern weit voraus sind? Bekommen wir einen Orden? Oder sogar ein 100er-Pack Kondome auf Kosten der Klassenkasse?

Plötzlich öffnete sich die Tür. Emelies und meine Eltern spazierten nacheinander herein. Ich kam mir vor wie im Kindergarten. Zum einen, weil ein geplatztes Kondom nun wirklich nicht in so einer kleinen Runde gefeiert werden sollte, und zum anderen, weil Frau Kortsch beim Anblick unserer Eltern noch schnell einen Stuhlkreis aufbaute. Na ja. Nun saßen wir da. Die Hoffnung einer Challenge verflog, als ich den vorwurfsvollen Blick der Erwachsenen registrierte. Heute verstehe ich auch die Reaktion meines Vaters, als er meinte: »Ein geplatztes Kondom also… kommt mir bekannt vor!«

Frau Kortsch schilderte den letzten Biologie-Unterricht und verbreitete großes Entsetzen. Emelie und ich konnten nicht nachvollziehen, weshalb sich unsere Eltern so aufregten. Warum mussten die auch immer übertreiben? Schließlich ging es hierbei doch nur um ein geplatztes Kondom. Egal. Ich sah ein, dass eine Entschuldigung an dieser Stelle wohl das Beste wäre. »Es tut mir ja leid, dass das Kondom geplatzt ist. Sonst haben wir immer die von Emelies Eltern benutzt. Dass die von meinen Eltern kleiner zum Überziehen sind, wusste ich nicht. Emelie und ich haben es mit Ach und Krach über meinen Kopf gezogen und es einfach mal ausprobiert.«

Unwissend machte ich die Situation für alle Erwachsenen noch unangenehmer, als sie eh schon war, und gab ihnen keinen Grund dazu, auf ein Missverständnis zu hoffen. Natürlich war auch hier klar, dass alle Erwachsenen das Wort Kopf anders interpretierten. Das Elterngespräch war eine Mischung aus peinlichem Schweigen, gegenseitiger Schuldzuweisung der besorgten Eltern und einer Lehrerin, die die Welt nicht mehr verstand und sich nicht vorstellen wollte, was bei uns im Hause abgeht. Irgendwann wurde es auch für Emelie und mich zu viel, so dass ich tief Luft holte und energisch versuchte, den Streit der Eltern zu schlichten: »Wir werden ja kein Kondom mehr benutzen! Aber bitte hört doch jetzt auf zu streiten!« Man hätte glauben können, meine Mutter hätte sich den Kiefer gebrochen, weil ihre Kinnlade mit Höchstgeschwindigkeit auf den Boden knallte. Aber da sie Folgendes zu mir sagte, konnte ich einen Kieferbruch beruhigt ausschließen: »Kevin, für mich ist das hier alles ein falscher Film, tu mir mal bitte einen Gefallen…«

Kennst du noch die nackte Puppe aus dem Biologie-Unterricht? Die mit dem schlaffen Penis? Du kennst sie. Meine Mutter drückte mir ein Kondom in die Hand: »Bitte, zieh der Puppe das Kondom über. Ich kann es mir einfach nicht vorstellen, ich muss es mit eigenen Augen sehen.« Kein Problem für mich. Ich packte das Kondom aus und fing an, der Puppe das Kondom über den Kopf zu ziehen. »Äääh m, was genau soll das jetzt?«, fragte meine Mutter, die sichtlich völlig aus der Welt geschossen war. Selbstbewusst entgegnete ich ihr: »Wie? Was soll das jetzt? Ich soll doch der Puppe das Kondom über den Kopf ziehen. So wie bei mir, oder nicht?« Nach einer Schweigesekunde reagierten Emelies Eltern zuerst: »Moment mal, ihr habt euch Kondome über den Kopf gezogen und die mit der Nase aufgeblasen?« – »Na, was denn sonst??«, fragte ich ein wenig irritiert. Ich schaute in verwunderte Gesichter und fügte, verärgert über die Unaufmerksamkeit, hinzu: »Das habe ich ja jetzt nicht zum ersten Mal gesagt!« Allen Erwachsenen fiel ein Stein vom Herzen.

Frau Kortsch führte den Biologie-Unterricht in der darauffolgenden Woche wie geplant fort und klärte uns rund um das Thema Sex und Verhütung auf. Freddi schaute mit leerem Blick in die Klasse, seufzte und sprach leise vor sich hin: »Gut, dass ich das jetzt weiß. Ich habe fünf Geschwister. Ich glaube, meine Eltern wurden nie aufgeklärt.«

Kommen wir zum eigentlichen Thema zurück: Alkohol. Leider kannst du es nicht sehen, aber als ich gerade das Wort Alkohol geschrieben habe, musste ich einfach so vor mich hinlächeln und mir erstmal einen großen Schluck Bier gönnen. Aber wann haben wir zum ersten Mal in unserem Leben Bier getrunken? Ich weiß noch, mein erstes Mixery habe ich mit zwölf Jahren probiert. Wir haben uns gefühlt wie die härtesten Kinder der Welt.

Es war ein Sonntagnachmittag. Wir hatten direkt neben dem Spielplatz in einem winzigen Stück Wald ein Baumhaus gebaut. Wenn man wusste, dass es ein Baumhaus werden sollte, hätte man es sogar erkannt. Aber wie Kinder eben sind: Ja, wir hatten Großes vor. Was wir aber vor allem hatten, war Spaß!

Während unserer Bauarbeiten erschreckte uns eine Vollbremsung mit dem Fahrrad. Es war Freddi! »Jungs, kommt mal her! Ich habe eine Überraschung!«, rief er übermotiviert in die Runde. Aus seinem Scout-Rucksack, bedruckt mit lauter Eisbären, packte er eine Flasche Mixery aus. Was auch sonst soll man in einem Scout-Rucksack mit Eisbären haben? Er streichelte die Mixery-Flasche, wie Gollum den Ring im Film Der Herr der Ringe. Es lag sehr nahe, da er das Mixery auch »Mein Schatz« nannte – mit dem einzigen Unterschied zu Gollum: Er wollte es mit uns teilen. »Ich weiß nicht, ob das so eine gute Idee ist«, warf Pascal in die Runde.

»Was, wenn gleich ein Erwachsener nach uns schaut und die leere Flasche sieht?« Ich schaute mit geradem Blick auf unser Baumhaus. »Ach Pascal, wenn Erwachsene kommen und denken, wir seien betrunken, würde das immerhin die Optik von unserem Baumhaus erklären.«

Nachdem wir alle geschworen hatten, dass wir niemandem von dieser Flasche Mixery erzählen würden, sagte ich durstig und fast sabbernd zu Freddi, er solle die Flasche endlich öffnen.

Du hast ja schon einiges über Freddi erfahren. Wundert es dich, dass er keinen Flaschenöffner dabeihatte? Natürlich nicht. »Ach Jungs, entspannt euch! Ich habe meinem älteren Bruder dabei zugeguckt, wie er die Flasche mit seinen Zähnen geöffnet hat«, prahlte er mit breiter Hühnerbrust. Gesagt, getan! So kam es zu meinem ersten Schluck Mixery. Aber da wir den Pakt hatten, niemals jemandem von der Flasche Mixery zu erzählen, bleibe ich für seine Eltern bis heute der Freund, der ihrem Sohn einen Zahn ausgeschlagen hat…

4. Ich kenn da ne Abkürzung – dauert aber länger

Ich war 15 Jahre alt. Kannst du dich noch an deine Prüfbescheinigung erinnern? Die sogenannte Prüfbescheinigung war bei uns Dorfkindern aber vielmehr als Mofaführerschein bekannt. Ich durfte also offiziell ein Mofa und einen Roller fahren. Das Ganze hatte natürlich einen kleinen Haken. Erlaubt war mir nur eine Geschwindigkeit von maximal 25 km/h. Meine Jungs und ich fühlten uns wie ein Mitglied von The Fast and the Furious.

Nimm dir ein paar Sekunden, bevor du weiterliest, und denk an deine Zeit zurück. Hast du auch so geile Erinnerungen an deine Crew?

Ich hatte meiner Mutter geschworen, niemals schneller als erlaubt zu fahren. Mein Versprechen, immer vorsichtig zu sein, hatte für meine Mutter einen großen Wert. Für mich dagegen… Na ja. Ich sage mal so: Fünf Minuten später bin ich ohne Helm zu diesem einen Freund gefahren. Ja, genau, dieser eine Freund, der seine eigene kleine Werkstatt in der Garage hatte und seine Liebe einzig und allein dem Kfz widmete. Bei mir war es Freddi.

»Digga, kannst du mir die Drossel ausbauen? Ich will schneller fahren!«, sagte ich mit einer ordentlichen Portion Coolness.

Apropos Helm, laut Gesetz gilt ab einer Geschwindigkeit von 20 km/h Helmpflicht. Es steht zwar nirgends geschrieben, aber Dorfkinder haben in dem Fall ihr eigenes Gesetz: Die Helmpflicht tritt erst in Kraft, wenn man den Ort verlässt. Mein Heimatdorf war schon damals eine Zone, in der die eigenen Regeln einen höheren Stellenwert hatten als jeder Paragraph.

Eine weitere von uns erstellte Gesetzesänderung schrieb vor, dass wir Freunde niemals im Stich lassen. Genauer gesagt: Bei einem Mofaführerschein war das Mitnehmen einer Person im Normalfall verboten. Doch wie du mittlerweile weißt, gab es in unserem Dorf den Normalfall nicht. Unser Gesetz lautete: Wir fahren alleine, aber mit Beifahrer.

Eine Ausnahme gab es allerdings. Alkohol-plus-Fahren war ein absolutes NO GO. Natürlich gab es immer ein paar Idioten, die sich dafür gefeiert hatten, betrunken mit einer Bierflasche in der Hand Gas zu geben. Aber diese Idioten haben jetzt auch keine weitere Zeile in meinem Buch verdient.

Freddi und ich sind seit dem Tag, an dem wir unseren Mofaführerschein bestanden hatten, keinen Schritt mehr zu Fuß gegangen. Wir hatten unseren Roller immer und überall dabei, aber wirklich überall, sogar unter der Dusche.

Eines musste ich Freddi lassen. Wenn er sich etwas in den Kopf setzte, dann setzte er das auch meisterlich um. Nach langem Werkeln hatte er es geschafft, seine und meine Drossel aus den Rollern auszubauen. An dem Tag waren wir in der Hierarchie der Coolness um ein Level gestiegen! Unsere Roller fuhren stolze 53 km/h. Oder wie Freddi es so schön formulierte: »Das sind keine 53 km/h, das sind 53 Argumente, bei den Mädels zu landen!«

Du kannst leider weder sehen noch hören, wie sehr ich jetzt lachen muss, aber was waren Freddi und ich bitte für Honks?

Natürlich war ich Freddi unfassbar dankbar, dass er meine Drossel ausgebaut hatte. Ich persönlich bin bis heute nicht wirklich handwerklich begabt. Alles, was ich mit meinen zwei linken Händen noch schaffe, ist einen Bleistift einigermaßen anzuspitzen. Wobei auch dies manchmal eine ganz schöne Herausforderung sein kann. Ich sag's dir, ich habe ein unglaubliches Talent darin, einen Bleistift immer so lange zu spitzen, bis die Spitze wieder abbricht.

Ich lag zu Hause auf der Couch. Ich trug meine gemütlichste Jogginghose und freute mich auf den 20.15 Uhr-Blockbuster James Bond. Du weißt genau, was das heißt, wenn man DIESE EINE Jogginghose anhat: Das Haus wird unter keinen Umständen verlassen. Davon abgesehen, waren die Zeiten damals noch anders. Der Zeitpunkt, zu dem einer meiner Lieblingsfilme lief, hat meinen kompletten Abend bestimmt. Heute schaue ich online, was ich will. Wann ich will. Und wo ich will.

Erinnerst du dich noch an die Anfänge des Internets? Meine Mutter hatte jedes Mal zornig geschrien: »Raus aus dem Internet! Ich will telefonieren!« Ja, ich weiß nicht, wie alt du bist, aber vor einigen Jahren konnte man nicht zeitgleich telefonieren und im Internet surfen. But hey, we did it!

Ich lag also auf der Couch. Im TV liefen schon seit ein paar Minuten die 20-Uhr-Nachrichten. Die Vorfreude auf James Bond stieg ins Unermessliche. In meiner Hand hielt ich eine Mischung aus Hantel und Technik. Richtig, ich spreche von meinem ersten Handy, dem Nokia 3210. Ich spielte noch schnell eine Runde Snake, ehe das Spiel durch einen Anruf unterbrochen wurde. Freddi rief an.

»Jo Kevin, digga! Heute ist doch in Leiwen das Weinfest! Ich wollte mit dem Roller hin. Ich zähle auf dich!« – »Freddi, sorry. Gleich kommt James Bond. Du weißt, was das heißt.« –

»Bruder, komm schon, das wird gut heute!«, sagte er ein bisschen zu übermotiviert. »Freddi, Junge! Du kennst die Antwort. Falls du es schaffen solltest, mich heute von der Couch zu jagen, gebe ich dir eine Million Euro.«

Mit diesen Worten beendete ich das Gespräch. Ich freute mich noch immer auf den Film. Zwei Minuten später klingelte mein Nokia erneut. Diesmal war es Emelie! »Hey Kevin! Freddi hat mich eben angerufen und mir gesagt, du könntest mich heute mitnehmen, nach Leiwen aufs Weinfest. Das wäre sooooo cool von dir!«, erklang ihre süße Stimme aus meinem Handylautsprecher. »Dieser räudige Sohn eines Hundes«, dachte ich und sagte zugleich: »Klar, gerne! Wann soll ich denn bei dir sein?« – »Hmmm, so in zehn Minuten? Oder ist das zu früh?« – »Nee, nee, zehn Minuten klingt sehr gut. Bis gleich dann!«

Ich legte auf, rief den Hundesohn Freddi an und sagte kein Wort. Nachdem wir uns fünf Sekunden gegenseitig angeschwiegen hatten, lachte er ins Handy: »Du kannst es in Raten zahlen!«

Ich sprintete in mein Zimmer und verließ schweren Herzens nicht nur die Couch, sondern auch meine Jogginghose. Exakt sieben Minuten hatte es gedauert, bis ich mit meinem Roller bei Emelie vor der Tür stand. Keine zwei Minuten später kam Freddi angedüst, mit Anne im Gepäck. Er begrüßte uns mit: »Hey ihr zwei, wir haben da ein kleines Problem! Kurz vor Leiwen steht eine Polizeikontrolle. Die halten uns safe an, wenn wir dort entlangfahren.« – »Und jetzt?«, fragte ich ideenlos. Freddi schaute in die Runde, nickte kurz und antwortete mit völliger Überzeugung: »Ich kenn da ne Abkürzung, dauert aber länger.«

Okay, halten wir kurz mal an. »Ich kenn da ne Abkürzung, dauert aber länger« – das ergibt genauso viel Sinn wie die Aussage: »Ich habe endlich abgenommen, wiege jetzt aber mehr.«

Eine Abkürzung war es also nicht; das war mir von Anfang an klar. Darum ärgerte es mich umso mehr, dass ich Freddis Plan nicht rechtzeitig durchschaute. Denn dieser Plan war irgendwie unvollständig. Im Grunde genommen kannte er seine längere Abkürzung nur zu zehn Prozent.

Im eigenen Dorf sind Abkürzungen allgemein bekannt. Auch die Wege, mit denen sogar Google Maps seine Schwierigkeiten hat. Diesen Abkürzungen erweisen Dorfkinder alle Ehre. Denn oft heißen diese bekannten Abkürzungen auch… Na? Du weißt es! … »Promilleweg«! Ein betrunkener Spaziergang nach Hause kann auf dem Promilleweg durchaus wohltuend sein. Du bist völlig losgelöst und erlebst auf dieser kurzen Strecke doch noch das ein oder andere Abenteuer…

Na ja. Kennst du das Spiel, in dem eine Kugel unter einer Glasscheibe in einem Labyrinth gefangen ist? Ziel des Spiels ist es, die Kugel in die Mitte des Labyrinths zu lenken. So oder so ähnlich kannst du dir unsere Routen mit dem Roller vorstellen. Das Labyrinth war in unserem Fall ein Wald.

Freddi hatte nicht zu viel versprochen. Seine Abkürzung dauerte tatsächlich länger. Für me
sogar ein bisschen zu lange. Denn di
uns nicht nur mehr Zeit, sondern brac
böse Überraschung. Freddis Wegbesc
uns nach Leiwen. Damit lag er schon
sie führte uns auch zu der Dorfeinfahrt
zei stand. Welch eine Punktlandung, Fr

Freddi:

Kev-Kev, was geht am Woche

Nicht viel! Mache
einen ge

Freddi:

Auf gar keinen Fall!!
Party-Party, mein Freund.

Neeee, lass ma! Habe mir erst mal vorgenommen, nur noch zu wichtigen Anlässen was zu trinken!

Freddi:

Ähm, es ist ein wichtiger Anlass?!

Der da wäre?

Freddi:

Ich feier meinen Geburtstag?!
Ist das für dich etwa kein wichtiger Anlass? ☹

Du hast am 7. Juli Geburtstag!
Heute ist der 12. Februar!

Freddi:

Ich feier nachträglich!

Das ist der größte Quatsch,
den ich je gehört habe.

Freddi:

Kommmmmmmmmmm schon.

Wie gesagt, nicht ohne Grund.

Freddi:

Wir feiern den siebten
Samstag im neuen Jahr!!!

Gib auf, es gibt keinen Grund.

Freddi:

HAAAA!!!! Denkst du!!! Schon gehört,
dass Anna schwanger ist????

Welche Anna?!?!?!

Freddi:

Na welche schon!
Deine Ex Anna.

Wir sind gerade mal
drei Monate getrennt????

Freddi:

Ja, ist definitiv heftig!
Im vierten Monat soll sie sein!

HALTS M***!!!!!!
Du laberst doch, oder?!?!?!?

Freddi:

Ohne Spaß jetzt! Unsere Eltern haben ja viel miteinander zu tun.

AAAAAAALTER!!!!!!
OHNE WITZ JETZT??????

Freddi:

Ja okay, war Spaß! Sorry ☺

Du Hund!!!!!! Puhhh, hast du mich geschockt.

Freddi:

Hahahahahaha!

Heute Steil gehen?

Freddi:

Das ist mein Junge.

5. Jugendraum – Ein schmaler Grat zwischen guter und keiner Erinnerung

Ach ja, ich muss ehrlich zugeben, dass ich mir bis vor Kurzem gar nicht im Klaren war, was ich für ein Glück habe, im Dorf aufgewachsen zu sein. Heute bin ich stolz darauf, über mich sagen zu können, dass ich zu einhundert Prozent ein Dorfkind bin. Jaaa, ich möchte dir mit erhobenem Zeigefinger sagen: Dorfkinder unterscheiden sich tatsächlich von anderen Kindern.

Früher hatte ich mir manchmal vorgestellt, wie es wohl wäre, ein Stadtkind zu sein. Obwohl ich mich das hin und wieder mal fragte, wusste ich, dass es sich nur um Neugierde handelte und nicht um einen lang ersehnten Wunsch. Schließlich waren Dorfkinder schon immer bekannt für ihre coole Art. Und was ich hier schreibe, ist nicht einfach aus der Luft gegriffen. Denn wenn wir mal ehrlich sind, haben wir bei der folgenden Beschreibung dieselben Assoziationen: Er fährt immer zu schnell, achtet nicht auf rote Ampeln, würde am liebsten in Frieden leben, ist jederzeit hilfsbereit und hat mit Tieren zu tun. Und? Ich bin mir sicher, du hast es auch gedacht: Handelt es sich um ein Dorfkind? Oder doch um Batman?

Ich sage nicht, dass es uncool ist, ein Stadtkind zu sein, aber dieselben Charaktereigenschaften wie Batman zu haben ist schon verdammt cool!

Ich persönlich liebe mein Dorf. Allerdings gehöre ich nicht zu diesen eingesessenen Dorfbewohnern, die noch nie ihre Dorf-Area verlassen haben. Ich war schon immer dazu bereit, die vielen Seiten des Stadtlebens mal kennenzulernen, ohne das Dorfleben dafür aufgeben zu müssen.

In meinem Freundeskreis hatte ich auch Stadtkindern eine Chance gegeben. Und ein paar Stadtkinder hatten es sogar geschafft. Einer davon ist Ulle. »Ulle? Wofür steht die Abkürzung?«, fragte ich ihn, als wir uns mit 16 Jahren kennenlernten. »Welche Abkürzung? Das ist mein Name«, antwortete er und sah meinen schockierten Blick, der ihm signalisierte, dass ich den Namen Ulle höchstens in utopischen Geschichten vermutet hätte. »Du heißt Kevin, an deiner Stelle wäre ich mal ganz still«, fügte er fast ein bisschen beleidigt hinzu.

Nach kurzem Schweigen lachte er scherzhaft: »Deine Eltern wollten bei deiner Geburt bestimmt ein Mädchen, und als dann klar war, dass es ein Junge wird, waren sie so sehr enttäuscht, dass sie sich aus lauter Frust für den Namen Kevin entschieden haben.« – »Nette Theorie, aber dann wollten deine Eltern ja einen Hund, oder?«, fragte ich ihn sarkastisch. Solche Dialoge bleiben am Anfang einer guten Freundschaft nicht aus.

Unsere Freundschaft hatte einige Hürden zu bewältigen. Ulle ist einer dieser Freunde, die mir Vertrauen zu schenken versuchten. Er hielt die klassische Vertrauensübung für die beste Option, um unter Beweis zu stellen, wie sehr ich ihm vertrauen könne. Obwohl Ulle einen Kopf kleiner war als ich und Oberarme hatte, die mich an zerbrechliche Salzstangen erinnerten, wollte ich ihn nicht verunsichern. Also gab ich mir einen Ruck. Ich spannte meinen gesamten Körper an, atmete tief durch und ließ mich mit verschlossenen Augen nach hinten fallen. Meine Körperspannung machte aus mir ein Holzbrett. Und wie ein Holzbrett knallte ich weniger sanft auf den Asphalt. Ulle war auf alles vorbereitet, aber er rechnete nicht damit, dass ich mich nach hinten fallen lassen würde – was erklärte, dass er stattdessen vor mir stand. Seit diesem Vorfall betonte Ulle gerne, dass er in Zukunft immer hinter mir stehe: »Ich stehe immer hinter dir! Wirklich immer! Egal, ob du Liebeskummer hast, dich irgendwelche Sorgen plagen oder jemand auf dich schießt, ich stehe immer hinter dir!«

Ulle war auch optisch einzigartig. Heute lachen wir zusammen darüber, wie er damals gekleidet war. Er trug meist eine Baggy-Jeans, die zwei Nummern zu groß war. Die Hose hing nicht nur in seinen Kniekehlen, er hatte die Jeans auch noch tief in seine weißen Tennissocken gestopft. Auch der Rest betonte Ulles schlechten Kleidungsstil, denn dieser wurde zusätzlich von weiß-goldenen Nike Shox und einem grün-gelb gestreiften Karl

Kani Shirt mit überdimensionalem Schriftzug vervollständigt. Mit seiner echten Goldkette machte er zumindest optisch jedem Rapper Konkurrenz. Wohlgemerkt, er hatte das gute Stück aus der Türkei. Für drei Euro.

»Hast du Lust, bei mir zu pennen? Ich kenn da eine Kneipe, in der wir bis 22 Uhr Bier trinken können.« Die Motivation sprach aus Ulles Augen.

»Hmmmm…, wenn DU meine Mutter fragst?!« Ich wusste genau, wie ich so was angehen sollte, aber nach einer kurzen Überlegung fuhr ich fort: »Pass auf, ich habe da eine andere Idee! Schlaf du doch heute mal bei mir. Dann zeige ich dir unseren Jugendraum. Da können wir a) länger bleiben als in der Kneipe und b) nicht nur Bier trinken. Glaub mir, das wird ein ganz gemütlicher Abend!« Du weißt, wie die Abende meistens enden, wenn man von einem »ganz gemütlichen Abend« spricht. Die Worte gemütlicher Abend sind bei mir auch ein Synonym für pure Eskalation.

Ulle schaute mich sehr unentschlossen und zugleich lustlos an: »Puuuuh, trinken mit deinen Dorf-Jedis? Ohne dir zu nahe zu treten, aber können die was am Glas?«

»HAHAHAHAHAHAHAHAHAHAHAHAHAHA-HAHAHAHAHAHAHAHAHAHAHAHAHAHAHA-HAHAHAHAHAHAHAHAHAHAHAHAHAHAHA-HAHAHAHAHAHAHAHAHAHAHAHAHAHAHA-

HAHAHAHAHAHAHAHAHAHAHAHAHAHAHAHA-
HAHAHAHAHAHAHAHAHAHAHAHAHAHAHAHAHA-
HAHAHAHAHAHAHAHAHAHAHAHAHAHAHAHAHA-
HAHAHAHAHAHAHAHAHAHAHAHAHAHAHAHAHA-
HAHAHAHAHAHAHAHAHAHAHAHAHAHAHAHAHA-
HAHAHAHAHAHAHAHAHAHAHAHAHAHAHAHAHA-
HAHAHAHAHAHAHAHAHAHAHAHAHAHAHAHAHA-
HAHAHAHAHAHAHAHAHAHAHAHAHAHAHAHAHA-
HAHAHAHAHAHAHAHAHAHAHAHAHAHAHAHAHA-
HAHAHAHAHAHAHAHAHAHAHAHAHAHAHAHAHA-
HAHAHAHAHAHAHAHAHAHAHAHAHAHAHAHAHA-
HAHAHAHAHAHAHAHAHAHAHAHAHAHAHAHAHA-
HAHAHAHAHAHAHAHAHAHAHAHAHAHAHAHAHA-
HAHAHAHAHAHAHAHAHAHAHAHAHAHAHAHAHA-
HAHAHAHAHAHAHAHAHAHAHA

HAHAHAHAHAHAHAHAHAHAHAHAHAHAHAHAHA-
HAHAHAHAHAHAHAHAHAHAHAHAHAHAHAHAHA-
HAHAHAHAHAHAHAHAHAHAHAHAHAHAHAHAHA-
HAHAHAHAHAHAHAHAHAHAHAHAHAHAHAHAHA-
HAHAHAHAHAHAHAHAHAHAHAHAHAHAHAHAHA-
HAHAHAHAHAHAHAHAHAHAHAHAHAHAHAHAHA-
HAHAHAHAHAHAHAHAHAHAHAHAHAHAHAHAHA-
HAHAHAHAHAHAHAHAHAHAHAHAHAHAHAHAHA-
HAHAHAHAHAHAHAHAHAHAHAHAHAHAHAHAHA-
HAHAHAHAHA

HAHAHAHAHAHAHAHAHAHAHAHAHAHAHAHAHA-
HAHAHAHAHAHAHAHAHAHAHAHAHAHAHAHAHA-
HAHAHAHAHAHAHAHAHAHAHAHAHAHAHAHAHA-
HAHAHAHAHAHAHAHAHAHAHAHAHAHAHAHAHA-

HAHAHAHAHAHAHAHAHAHAHAHAHAHAHA-
HAHAHAHAHAHAHAHAHAHAHAHAHAHAHA-
HAHAHAHAHAHAHAHAHAHAHAHAHAHAHA-
HAHAHAHAHAHAHAHAHAHAHAHAHAHAHA-
HAHAHAHAHAHAHAHAHAHAHAHAHAHAHA-
HAHAHAHAHA
HAHAHAHAHAHAHAHAHAHAHAHAHAHAHA-
HAHAHAHAHAHAHAHAHAHAHAHAHAHAHA-
HAHAHAHAHAHAHAHAHAHAHAHAHAHAHA-
HAHAHAHAHAHAHAHAHAHAHAHAHAHAHA-
HAHAHAHAHAHAHAHAHAHAHAHAHAHAHA-
HAHAHAHAHAHAHAHAHAHAHAHAHAHAHA-
HAHAHAHAHAHAHAHAHAHAHAHAHAHAHA-
HAHAHAHAHAHAHAHAHAHAHAHAHAHAHA-
HAHAHAHAHAHAHAHAHAHAHAHAHAHAHA-
HAHAHAHAHA
HAHAHAHAHAHAHAHAHAHAHAHAHAHAHA-
HAHAHAHAHAHAHAHAHAHAHAHAHAHAHA-
HAHAHAHAHAHAHAHAHA.«
Ich lache.

»Du willst also jemanden, der dich unter den Tisch trinken kann? Ich stelle dir heute Abend mal Sophie vor. Ihr zwölfjähriger Bruder trinkt auf deinem Level«, merkte ich ganz nebenbei an.

Offensichtlich hatte ich mit dieser Aussage Ulles Gangsterstolz angegriffen. Wenn Ulle eingeschnappt ist, ist er nicht besonders schlagfertig. »Das werden wir ja sehen!

Ich werde euch Dorf-Jedis noch zeigen, wo der Hammer hängt. Und danach paart ihr euch wieder untereinander, wobei ihr das auch schon nüchtern macht.« Richtig, so klingen dann kleine, süße Gangster, die voll in ihrem Element sind und sich aufregen. Es fehlte nur noch, dass er kräftig auf den Boden stampfte und ein beleidigtes »Manno!« von sich gab – wie ein kleines Kind, das an der Supermarktkasse von seiner Mama keinen Schokoriegel bekommt.

Ich nehme jetzt mal eine Pointe vorweg. Wir alle haben doch dieses eine Getränk, mit dem wir unseren heftigsten Absturz in Verbindung bringen. Es ist dieser Absturz, von dem wir nichts mehr wissen. Die einzige Erinnerung, die wir haben, ist sowohl der Geschmack als auch der Geruch des Getränks, das uns an diesem einen Abend zu einem Häufchen Elend machte. Verantwortlich sind hierfür meistens Jägermeister oder Tequila. Sobald ich auch nur eine leichte Prise Jägermeister einatme, wird mein Würgereflex automatisch aktiviert. Du weißt, was ich meine.

Na ja, zurück zu Ulle. Im Jugendraum war ich sein persönlicher Barkeeper, denn das sollte ein mehr oder weniger unvergesslicher Abend werden. Um seine Begleitung hatte ich mich natürlich gekümmert. Im Dorf war sie unter dem Namen »Koko« bekannt. Koko: Korn mit Korn.

Meine Mutter holte Ulle und mich in der Stadt ab. Kurz bevor wir in Dudeldorf angekommen waren, fragte Ulle grinsend: »Sind wir noch in derselben Zeitzone?« Meine Mutter und ich verdrehten unsere Augen und schmunzelten.

Hätte ich zu dem Zeitpunkt gewusst, wie Ulle an dem Abend enden würde, hätte ich sogar lautstark gelacht. Bis Dudeldorf war es nicht mehr weit, nur noch knapp zehn Kilometer oder anders gesagt: Wir hatten nur noch 22 Dörfer zu durchqueren. Ulle hörte auf dem Rücksitz nicht mehr auf zu fluchen: »Dieses Schrotthandy, ey! Warum habe ich keinen Empfang?« Ich ließ ihn fluchen, schaute auf die Felder, an denen wir vorbeifuhren, und lächelte nur.

Nach 15 Minuten Autofahrt waren wir angekommen. Ulle stieg aus dem Auto. Seine Körperhaltung und die Art, wie er sich umschaute, erinnerten mich an einen Neandertaler, der soeben seine Höhle verließ. Zum ersten Mal schnupperte Ulle echte Landluft.

Als wir das Haus betraten, drückte ich wie gewohnt auf den Lichtschalter. Ulle hatte an diesem Morgen einen unfassbar lustigen Clown gefrühstückt, dachte ich mir seufzend, als er folgende Bemerkung machte: »Ihr habt ja Strom! Ihr Dorf-Jedis steckt voller Überraschungen!«

Meine Mutter hatte noch schnell Spaghetti Bolognese gekocht. »Iss viel«, war mein Rat an Ulle, der, wie du bereits weißt, körperlich eine eher mäßige Grundlage mitbrachte.

Wir machten uns auf den Weg in den Jugendraum. Kannst du dich noch an deinen Jugendraum erinnern, in dem du mit deinen Leuten regelmäßig abhingst? Die Atmosphäre ließ mich immer ein paar Jahre älter werden. Jedenfalls fühlte es sich so an, als hätte sich die Reife meiner Jugend mit jedem Aufenthalt dort um einiges gesteigert.

Die Grundausstattung war in jedem Jugendraum ähnlich. Es gab eine selbstgebaute Theke und eine alte Couch mit wenigen Löchern, die sowieso auf dem Sperrmüll gelandet wäre. Einen DJ gab es nicht, dafür aber einen MP3-Player, zu dem jeder Zugang hatte und der an einer riesigen Musikbox angeschlossen war. Die Musik war jedes Mal so laut, dass selbst die Maulwürfe nicht zur Ruhe kamen. Und der Geruch war bestialisch, allerdings nahmen wir ihn glücklicherweise spätestens nach zehn Minuten nicht mehr wahr.

Ich öffnete die Tür und sah schon die ersten Schnapsdrosseln auf den Tischen tanzen. Einige ersetzten ihr imaginäres Mikrofon durch eine Flasche Bier, andere dagegen streckten es so sehr in die Höhe, dass sie gar nicht mehr bemerkten, dass die Bierflasche langsam

eine waagerechte Position einnahm. Eines hatten alle jedoch gemeinsam. Sie grölten völlig ohne Taktgefühl: »Wo sind all die Indianer hin? Wann verlor das große Ziel den Sinn? …« Du weißt, wie es weitergeht.

»Ooooooh, Keeeeeevin! Heute treten wir im Dorf alle Laternen aus!«, brüllte es quer durch den Raum. »Hi, ich freue mich auch, dich zu sehen, Freddi«, lachte ich. Freddi brauchte nicht mehr viel, um den Vogel abzuschießen. Und Ulle wollte seinen Alkoholkonsum einfach nicht ankurbeln. »Meine Ohren bluten gleich. Bei der Musik kann doch keiner Freude am Trinken haben«, rechtfertigte er sein warmes Bier in der Hand. »Ulle«, sagte ich, »eine Dorfparty ohne PUR ist keine Dorfparty! Je schneller du trinkst, desto schneller hörst du die Musik nicht mehr.«

Scheinbar wollte Ulle die Musik SEHR schnell überhören. Dies hatte ich jedenfalls vermutet, als ich ihn fünf Minuten später mit einer Flasche Doppelkorn in der Hand sah, in der ein Strohhalm steckte.

Der Abend war super. Ich spielte mit ein paar Leuten Lügenmäxchen. Emelie war auch dabei. Sie lachte mich an: »Darf ich dich mal was fragen?« Voller Euphorie nickte ich ihr zu, in der Hoffnung, sie für ein Date klargemacht zu haben. Doch als sie sich umdrehte und auf Ulle zeigte, war dieser Gedanke in nur einer Sekunde dahin. »Ist das da nicht dein Freund auf dem Tisch?«

Ich sah Ulle, wie er immer noch mit seiner Flasche Doppelkorn plus Strohhalm oberkörperfrei auf dem Tisch stand und Spaß hatte. Als er meinen Blick bemerkte, brüllte er wie ein Animateur: »BRONZE SILBER UND GOLD HAB ICH NIE GEWOLLT!« Endlich befreite er den ewig verborgenen Wolfgang Petry in sich.

Ich musste herzhaft lachen. Immerhin machte er noch einen stabilen Eindruck, dachte ich mir. Aber wir alle kennen das nur zu gut: Es geht uns blendend, dann gehen wir kurz an die frische Luft – und dann kommt er, der Hammermann! Auch Ulle sollte ihn zu spüren bekommen.

Ulle war wie ausgewechselt. Er lag auf der Couch, aber irgendwie auch nicht so richtig. Jedenfalls machte es sich ein Teil seines Körpers auf der Couch bequem, während der andere Teil in Richtung Boden hing. Genauer gesagt in Richtung Eimer. Es dauerte nicht lange, als jeder sehen konnte, dass er heute Spaghetti Bolognese gegessen hatte.

Am Anfang hatten wir ihn noch bejubelt: »Ullléééééé Ullléééééé Ulllééééééé Ullléééééé, lass es raus… Ullléééééé!«

Ich half Ulle dabei, sich auf den Beinen zu halten, und während er sich bei mir abstützte, gingen wir nach Hause. Auf dem Heimweg war er plötzlich wieder im Wolfgang-Petry-Modus: »BRONZE SILBER UND GOLD HAB ICH NIE GEWOLLT!« – »Was willst du dann?«, fragte ich ihn. Er blieb stehen, schaute auf sein Handy, haute mir zweimal leicht auf die Wange und lallte: »Empfang, mein Freund, einfach nur Empfang.«

6. Sauer wie ein Center Shock

Es war Winter. Ich erhoffte mir nur zwei Dinge: dass ich an Weihnachten reichlich beschenkt würde und dass die Straßen so glatt wären, dass kein Schulbus käme. Laut Fahrplan sollte unser Bus jeden Morgen um 7.23 Uhr fahren. Wenn er bis 7.35 Uhr aus der Ferne noch nicht zu sehen war, erhoffte ich mir automatisch ein spontanes Schulfrei. Immer wieder fiel dieser eine Satz: »Ich bin mir nicht ganz sicher, aber ich glaube, wenn der Bus nach 30 Minuten noch nicht da ist, darf man offiziell heimgehen!«

Kennst du das, wenn du dir irgendeinen Quatsch so lange einredest, bis du irgendwann selbst dran glaubst? Ich glaube, du weißt, was ich meine.

Man hatte nie jemanden sagen hören: »Ich bleibe hier und warte auf den nächsten Bus.« Das lag aber vermutlich auch daran, dass der nächste Bus lange auf sich warten ließ. Genauer gesagt, war dies der Bus um 7.23 Uhr am nächsten Morgen.

Kannst du dich noch an deine Busfahrten zur Schule erinnern? Es gab zwei verschiedene Typen von Buskindern. Entweder warst du derjenige, der immer geschlafen hat, oder du warst derjenige, der den Schulweg sinnvoll nutzte, um noch schnell die Hausaufgaben zu erledigen. Ich war Letzteres. »So wenig wie möglich, so viel wie nötig. Hauptsache keinen Strich«, lautete meine Devise. In keinem Schulbus fühlte man sich wie in der Business Class, aber unser Schulbus hatte ein bisschen was von einem Rodeo, woran der Fahrstil des Busfahrers nicht ganz unschuldig war. Hinzu kam, dass ein Ziehharmonikabus eh schon wackelt wie ein Kuhschwanz. Hast du dir eben auch gedacht, wie komisch das Wort Ziehharmonikabus aussieht? Na ja, zurück zu meinen Hausaufgaben. Es war immer eine richtige Herausforderung, auch nur annähernd leserlich zu schreiben. Aber solange ich meine Schrift noch entschlüsseln konnte, störte ich mich relativ wenig daran.

Meine Lehrerin kam mal zu mir, warf einen Blick in mein Heft, und ehe sie was sagen konnte, meinte ich mit strahlendem Gesicht: »Ich versuche, ein besserer Schüler zu werden, daher übe ich jetzt auch mit links zu schreiben.«

Ein Schüler, den wir bei der Busfahrt keineswegs vergessen sollten, ist der mit seinem Stammplatz vorne in der ersten Reihe. Es war dieser eine Schüler, der freiwillig stehen wollte, und zwar direkt neben dem Busfahrer. Es war eben dieser eine Schüler, der das Schild »Bitte während der Fahrt nicht mit dem Fahrer reden« einfach nicht beachtete und dem Busfahrer ungefragt erzählte, wie sein Schultag war und dass er nieeeemals mit der 1+ im Englisch-Vokabeltest gerechnet hätte, weil er ja überhaupt nicht dafür gelernt hätte.

Hattest du immer denselben Busfahrer? Bei uns waren es immer zwei: Der Korrekte und Gargamel. Der korrekte Busfahrer war sogar so korrekt, dass er jeden Morgen noch zwei, manchmal sogar drei Minuten auf dieses eine Kind wartete, weil er wusste, es kommt zu spät. Gargamel dagegen machte seinem Spitznamen alle Ehre. Zum einen kam er dem Bösewicht in Schlumpfhausen optisch sehr nahe, zum anderen führte er sich so auf, als hätte seine Frau zu Hause die Hosen an. Kommt dir bestimmt bekannt vor, oder?

Kannte dieser doofe Busfahrer auch jeden einzelnen von euch? Und hat er euch auch jedes Mal aufs Neue nach euren Fahrkarten gefragt? Unser Busfahrer konnte nie doof genug sein. Sich bei den Schülern beliebt zu machen war noch nie sein Ziel. Vielmehr das Gegenteil. Immer wenn ein Schüler am Monatsanfang noch die alte Monatskarte dabeihatte, sagte er diesen einen Satz, auf den er sich schon den ganzen Tag gefreut hatte: »Wenn du morgen keine gültige Fahrkarte dabeihaben solltest, fährst du nicht mehr mit!« Dieser Satz hat ihn immer so geil gemacht, dass er sich am liebsten am ganzen Körper angefasst hätte.

Draußen waren es ungefähr minus fünf Grad. Ich lag in meinem warmen Bett, eingekuschelt in meiner flauschigen Baumwolldecke. Im warmen Bett zu liegen, das hatte was, und wenn es draußen minus fünf Grad waren, dann war es einfach nur geil. Wahrscheinlich hätte ich noch einige Stunden im Tiefschlaf verbracht, wäre ich nicht von meinem Handy geweckt worden. Wilhelm Tell! Mein Klingelton. Ich erschrak kurz. Meine auf halb acht gerichteten Augen schauten auf das Display. Freddie ruft an! Ich drücke auf den grünen Hörer. Er schreit in sein Handy, als würde ihn jemand mit einer Waffe bedrohen: »Keeeeeevin! Keeeeeevin! GANZ wichtig! Ich habe mein Mathebuch vergessen! Bring deins auf jeden Fall mit! Bis gleich!« Und legt auf.

Was zur Hölle war das denn? Ich wagte einen kurzen Blick auf meinen Wecker, 7.14 Uhr! SCHOCKMOMENT! In neun Minuten fuhr mein Bus zur Schule. Ich verstand gar nichts mehr. Warum hatte mein Wecker nicht geklingelt? Oder hatte er doch geklingelt? Hatte ich ihn versehentlich im Tiefschlaf ausgestellt? Und WO zur Hölle ist meine Hose? Die Stimme meiner Mutter schlich sich gedanklich schon in mein Ohr. Wenn ich den Bus verpasst hätte, hätte sie so was gesagt wie: »Du gehst in die neunte Klasse und schaffst es nicht mal recht-

zeitig aus dem Bett. Wie willst du denn bitte weiterkommen im Leben? Wenn du so weitermachst, wirst du nie auf eigenen Beinen stehen.«

Okay, ich hatte noch fünf Minuten. Kurze Kontrolle: Rucksack, Check! Mathebuch, Check! Busfahrkarte, Check! Pausenbrot, habe ich noch von gestern, Check! Zähne putzen… egal, ich muss los! Ich stürmte die Treppe runter, riss die Tür auf, sprintete in einer scharfen Kurve nach links Richtung Bushaltestelle – und rutschte zeitgleich mit beiden Beinen auf dem Glatteis aus. Wuaaah, tat das weh! Für den Moment war ich wie ausgeknockt. Ich lag auf dem Boden und stellte mir vor, wie ein Ringrichter in einem Boxkampf anfängt zu zählen. …6…7…8…9… Ich stand auf, wischte mir durchs Gesicht, holte tief Luft und lief weiter, während gedanklich der Soundtrack von Eye of the Tiger ertönte. Auch die 40 000 Zuschauer machten Lärm und rasteten komplett aus. Sie jubelten so sehr, dass ich wahrscheinlich bereit gewesen wäre, noch eine extra Runde zu laufen. Doch als ich an der Bushaltestelle ankam, war keiner da.

Shit!

Es war erst 7.22 Uhr. Ich hätte sogar noch eine Minute Zeit gehabt, bis der Bus hätte abfahren sollen. Na toll, dachte ich mir, so was kann natürlich nur mir passieren. Ich begriff nicht, warum der Bus ausgerechnet heute früher kam als geplant. Warum ausgerechnet an dem

Tag, an dem ich verschlafe? Wurde ich eben nicht schon genug bestraft? Das war bestimmt Gargamel, der Hund.

Ich wusste genau, was mich gleich zu Hause erwarten würde. Nicht nur meine Mutter wäre sauer, auch Freddi! Der arme Kerl hat schon zwei Striche in Mathe.

Wehmütig rufe ich Freddi an: »Bro, es tut mir so leid! Der kack Bus ist ausgerechnet heute zu früh gekommen! Jetzt stehe ich hier in der Kälte und weiß nicht, was ich machen soll. Wenn wir heute in Mathe einen Test schreiben und ich unentschuldigt fehle, bin ich am Arsch! Und außerdem sitzt du wegen mir auch noch ohne Mathebuch da…« – »Kev, pass auf, ich muss meine Mutter ja jetzt eh anrufen, damit sie mir das Buch vorbeibringt. Und da sie dann sowieso schon unterwegs ist, kann sie dich direkt einsammeln. Geh zum Kaugummiautomaten, und warte dort auf sie, okay? In fünf Minuten sollte sie da sein«, versuchte Freddi mich zu trösten. – »Zum Kaugummiautomaten in fünf Minuten? Wie soll ich das denn schaffen, du Held? Der ist doch am anderen Ende vom Dorf!«, beklagte ich mich. Ich fühlte mich selten gestresst, aber in diesem Moment schwitzte ich aus jeder Pore.

»Bruder, du könntest schon unterwegs sein. LOS JETZT!«, sagte er energisch und legte auf, bevor ich noch irgendwas erwidern konnte.

Ich lief los. Ich lief so schnell, wie das Glatteis es zuließ. Die Quote, dass ich mich unterwegs nicht überschlagen würde, war sehr hoch. Beim Kaugummiautomaten angekommen, war von Freddis Mutter weit und breit keine Spur. »Ey, nicht ihr Ernst, oder?«, sagte ich genervt zu mir selbst. »Na toll, bei meinem Glück ist Freddis Mutter auch schon weg.« Aber ich versuchte ruhig zu bleiben. Mir blieb schließlich nichts anderes übrig, als einfach darauf zu hoffen, dass sie in den nächsten Minuten doch noch um die Ecke kommen würde.

Warten ist langweilig. Während ich die Kaugummis in dem Automaten anstarrte, bekam ich mal wieder Lust auf eine dieser bunten Kugeln. Kannst du dich noch an den Kaugummiautomaten erinnern, der in jedem Dorf an einer Mauer befestigt war? Es war dieser rote Automat mit den Fruchtkaugummis, die so hart waren, dass man mit denen Steine hätte zerschlagen können.

Ich warf fünf Cent in den Münzschlitz, drehte den Griff zwei Mal um und nahm mir mein Kaugummi aus dem ekelhaftesten Schacht der Welt. Das Kaugummi hatte wohlgemerkt keinerlei Verpackung. Damals war uns das egal. Also schmatzte ich kräftig auf einer Mischung aus Kaugummi und Bakterien.

Es war 7.42 Uhr. Wo zum Teufel blieb Freddis Mutter? Ich rief Freddi wieder an.

»Digga, weißt du, wo deine Mutter ist? War die schon hier? Ist die schon weg?«

»Die ist schon weg, sorry!«

»FUUUUUUUUUUCK!«

»Hahahahahahahahaha.«

»Willst du mich verarschen? Was ist daran so lustig?«

»Kev, du checkst auch gar nichts, oder? Heute ist Sonntag!«

»Wie? Heute ist Sonntag?«

»Ja, Bro, April, April!«

Freddi:

42 Fieber.

42 Fieber überlebt man nicht.

Freddi:

Stadtkinder vielleicht nicht.

Auch Dorfkinder nicht.

Freddi:

Von mir aus, bin jedenfalls krank.

Okay, dann gute Besserung! Geh zum Arzt, wenn dein Fieber auf die 50 zugeht!

Freddi:

Mach ich.

2 Stunden später:

Freddi:

Hast du Mathe gemacht?

Soweit ich konnte, ja.

Freddi:

Kann ich morgen bei dir abschreiben?

Wie? Kommst du doch?

Freddi:

Ja, Fieber ist wieder gesunken auf 28.

28 überlebt man nicht.

Freddi:

Stadtkinder vielleicht nicht.

Dorfkinder auch nicht.

Freddi:

Kann ich bei dir abschreiben oder nicht?

Klar.

Freddi:

Danke.

Hast du Englisch schon gemacht?

Freddi:

Hatten wir da auch was auf??

Klar, Workbook Seite 40–45.

Freddi:

Oha!

Deutsch hast du aber gemacht?

Freddi:

LABER? Was hatten wir da auf??

Gedichtsinterpretation schreiben.

Freddi:

Mein Fieber kann keine 28 haben,
mein Kopf glüht wieder wie 40!

Alles gut, wir haben
nur Mathe auf.

Freddi:

Du Hundesohn!

Hdgdl...

Freddi:

Ida ...

7. Kennt wirklich jeder »jeden«?

Wenn du auf dem Dorf lebst, musst du dich von einer Sache definitiv verabschieden: Anonymität. Obwohl… so ganz stimmt das ja auch nicht. Wie willst du dich denn von Anonymität verabschieden, wenn du sie in einem Dorf niemals hattest? Wenn ich im Dorf durch die Straßen gehe, ist es für mich selbstverständlich, jeden zu grüßen, der mir über den Weg läuft. Auch wenn Omas oft nur zurücknicken und dich anstarren, als wärst du ein sprechendes Tier.

Oma. O-m-a. Hast du auch gerade eben gedacht, dass hier irgendwas nicht stimmt? Hast du jemals jemanden im Dorf »Oma« sagen hören? Ich auch nicht. Kaum einer sagt »Oma«. Es heißt »Omma«. Na ja, jedenfalls... wehe, du grüßt ausnahmsweise mal nicht jeden im Dorf, und deine Eltern hören davon. »Amen«, sage ich da nur. Nicht zu grüßen ist für unsere Dorf-Omma schon Grund genug, diese Unverschämtheit direkt weiterzuerzählen. Aber nicht etwa auf Hochdeutsch. Neeeein. Für unsere Omma gibt es nur eine Sprache: Platt! Und das klingt dann ungefähr so:

»Hasse gehöärte loa, de Junge loa aus da Middelstroaß, de Nachbar von Regnerys, dem Ray saahnen, Kevin mint aich hääällsst n, den assss hoit an ma vorbaaiii gelooooaafff und hääitt neist gesoacht. Kääiin Toach, kääiin neist.« (Auf Hochdeutsch: Hast du schon gehört, der Junge aus der Mittelstraße, der Nachbar von den Regnerys, der Sohn von der Familie Ray, Kevin glaube ich heißt er, der ist heute an mir vorbeigegangen und hat nichts gesagt. Kein Tach. Kein nix.)

Jeder normale Mensch würde mit einem trockenen »Und jetzt?« reagieren. Aber die Dorf-Omma ist ab diesem Moment on fire: »Soach! Paaasen moal upp, aich siiiehn dem saahn Mudda often baim Määtzga, dat wärdn aich däär soachn!« (Sag! Pass mal auf, ich sehe seine Mutter oft beim Metzger, das werde ich dir sagen!)

Du könntest fließend sieben Fremdsprachen beherrschen, Weltmeister im Dolmetschen sein oder einen Chinesen mit japanischem Akzent imitieren, doch sobald in unserem Dorf Plattdeutsch gesprochen wird, verstehst du nichts mehr. Kein einziges Wort.

Ich bin in meinem Heimatdorf großgeworden. Meine Mutter legte bei der Erziehung viel Wert auf Freundlichkeit und Anstand. Und dazu gehört nun mal, alles und jeden zu grüßen. Ja, auch die Eichhörnchen auf dem Baum, die Kühe auf der Weide und die Fliegen auf meinem Essen.

In der Stadt sieht das ganz anders aus. Wenn du da jeden grüßen wolltest, würdest du schneller zum Freak werden, als dir lieb wäre.

Das Positive im Dorf ist: Jeder kennt jeden. Das Negative im Dorf ist: Jeder kennt jeden. Und weißt du, wie sich das Leben im Dorf für mich anfühlt? Wie eine lebendige Whatsapp-Gruppe, die du einfach nicht auf stumm schalten kannst. Egal, wo du hingehst, zum Metzger, zum Bäcker, zum Tante-Emma-Laden oder in die Kirche. Alle verfügbaren Informationen müssen im Dorf ausgetauscht werden. Eine Begegnung im Dorf, egal mit wem, sieht immer gleich aus. Das Gespräch wird eingeleitet mit »Schon gehört?«, und zwar von demjenigen, der schneller fragt. Ob du »Ja« oder »Nein« antwortest, ist irrelevant. Unmittelbar nach der Frage fühlt sich die Person quasi verpflichtet, dir den kompletten Haufen an unnötigen Informationen mitzuteilen.

Das absolute Highlight auf dem Dorf ist: Blaulicht! Wenn einmal Blaulicht durchs Dorf fährt, kommen die Ommas aus ihren Häusern, als wäre Public Viewing. Wenn man blau ohne Licht durchs Dorf fährt, interessiert es keinen. Aber bei Blaulicht, na ja, du weißt schon. »Wat ass dann loa loas?« (Was ist denn da los?)

Dass im Dorf was passiert, ohne dass irgendjemand davon Wind bekommt, ist nahezu utopisch.

Auf der Bühne sage ich: »England hat Sherlock Holmes, Japan hat Detektiv Conan und wir haben die Omma am Fenster!«

Du weißt, von welcher Omma ich spreche. Wie kann man DEN GANZEN TAG am Fenster lauern und beobachten? Immerhin passiert nicht sonderlich viel im Dorf. Wie auch immer. Egal wann, egal wie, die Omma wird da sein.

Liebe Omma, musst du nicht mal auf die Toilette? Dir was zu essen machen? Dich umziehen? Irgendwas? ABER VERLASS DOCH MAL DAS FENSTER! Bezahl die Rechnung von der GEZ und schau TV. Ich hatte mal kurz die Sorge, jemand hätte ihre Füße vor dem Fenster einbetoniert. Aber wenn du vorbeigehst und ihr winkst – aber nicht aus Freundlichkeit, sondern einfach nur, um ihr mitzuteilen, dass du sie gesehen hast –, dann denkt sie, sie könnte dich überlisten, indem sie das Fenster wechselt. Das kann man mit einem Kevin ja mal versuchen. Nicht.

Es waren Sommerferien. Noch drei Wochen, bis es hieß: »Ein Jahr Vollgas für den Realschulabschluss.« Aber keine Sorge, ich war nie der Typ, der in der Schule Vollgas gegeben hat. Meine Schulkarriere zog ich stets nach dem Motto durch: »Ein gutes Pferd springt nur so hoch, wie es muss.« Über meine Schulzeit wirst du im Laufe des Buches noch genug erfahren. Du darfst dich gerne jetzt schon auf die Story freuen, bei der ich dir von unserer Schulsprecherwahl erzähle. Ich verspreche dir, du wirst dich amüsieren!

So, zurück zu den Sommerferien: Ich lag im Garten auf der Sonnenliege, die Augen waren geschlossen, und ich tankte eine ordentliche Portion Sonnenstrahlen. Ich begann zu schlummern, als plötzlich ein Schatten auf mein Gesicht fiel. Ich öffnete die Augen.

»Freddi!«

»Was geht ab, Kev?«

»Nicht viel, chill'n.«

»Lass ma ne DKF machen.«

Kannst du dich noch an die DKF erinnern? DKF, die sogenannte »Dorf-Kontroll-Fahrt«. Auch wenn ich bis heute noch nicht weiß, was man im Dorf großartig kontrollieren wollte. Wenn man es genau nimmt, kontrollierten wir, ob es im Dorf immer noch so langweilig war wie gewohnt. Aber darum ging es nicht. Die DKF war für mich mehr als nur eine Dorf-Kontroll-Fahrt. Sie war eine Lebensaufgabe. Eine Bestimmung.

»Alles klar, bin dabei!«, antwortete ich lässig und wünschte mir zeitgleich eine verspiegelte Sonnenbrille.

Nicht weil die Sonne blendete, sondern weil ich mich schon immer einmal wie einer dieser Cops in den amerikanischen Filmen fühlen wollte. Diese Coolness darf man nur in bestimmten Momenten zelebrieren, und dies wäre so ein Moment gewesen.

Mit unseren entdrosselten Rollern fuhren wir kreuz und quer durchs Dorf. Weißt du noch, wie angenehm der Fahrtwind im Gesicht war? Ziellos durchs Dorf fahren, so oder so ähnlich soll sich die Route 66 anfühlen.

»Weißt du, worauf ich heute Bock habe? Lass grillen! Schönes, kaltes Bierchen dabei, was sagste?«, schlug Freddi begeistert vor.

»Freddi, manchmal hast du verdammt gute Einfälle«, lobte ich ihn, als hätte er das Rad neu erfunden. »Lass uns doch noch 'n paar Leute einladen. Meine Eltern sind heute nicht da. Wir können das also richtig entspannt bei uns hinterm Haus machen.«

Wir fuhren von Freund zu Freund, um Bescheid zu geben, dass wir um 18 Uhr bei mir starten würden. Alle sollten reichlich Hunger mitbringen, schließlich würde gegrillt. Nach zehn Minuten kam Freddi auf die nächste goldene Idee: »DIGGGGAAAAA!!!! Folge mir!« Ich fuhr hinter ihm her, bis zum Tante-Emma-Laden. Mit den Worten »Ich lass den Schlüssel stecken, warte hier!« ließ Freddi mich einige Minuten alleine.

Als er wiederkam, sah ich etwas, was sonst niemand sah: Freddie war umgeben von einem Heiligenschein. Grund dafür war die Packung Wassereis in seiner Hand. Ich wusste genau, warum ich diesen Jungen liebte. Ich weiß nicht, ob es irgendwas Genussvolleres gibt, als bei über 30 Grad eine Packung Wassereis zu essen.

Wassereis ist nicht nur Eis. Anhand von Wassereis kann man ganz gut den Charakter eines Menschen einschätzen. Stell dir mal vor, jemand sagt zu dir: »Das rote und das grüne schmecken mir nicht, ich will das weiße!« Dann weißt du: Opfer!

Ich finde, bei Wassereis gibt es eine klare Hierarchie: Rot und Grün sind gleichgesetzt, darauf folgen Orange und Cola, und erst dann kommt Weiß. Nachdem man sich für Rot oder Grün entschieden hatte, riss man die Packung mit den Zähnen auf, spuckte zwei Mal kräftig, um das Plastik aus dem Mundwinkel zu entfernen und ließ das Eis auf der Zunge wortwörtlich zerschmelzen. Es war ein purer Genuss.

Freddi und ich fuhren zu mir, um alles für das Grillen vorzubereiten. »Gude Schwenkbroaten un Grillfackeln.« Ich respektiere natürlich jeden Vegetarier, allerdings behaupte ich, dass jeder Vegetarier noch nie geil gegrillt hat. Wer hätte gedacht, dass Vegetarier ihr Leben einst in die Hände eines schlechten Grillmeisters legen würden?

Der Abend war super. Insgesamt waren wir eine Truppe von zehn Leuten – immerhin mehr, als manch anderes Dorf Einwohner hat. Ich muss auch ehrlich zugeben, der Abend eskalierte ein bisschen. Mit sieben Jungs und drei Mädels tranken wir zwischen 18 und 22 Uhr knapp fünf Kisten Bier. Amtlich, sag ich mal.

Freddi hatte an dem Tag ja schon zwei gute Ideen, den Grillabend und das Wassereis. Du kennst den Spruch: Alle guten Dinge sind …drei! Nur für Jorge González sind es vielleicht vier (alle TV- Total-Fans werden wissen, was ich meine).

»Leute, kommt, wir brechen im Freibad ein!«, rief Freddi halbbetrunken und zugleich euphorisch.

»Ich habe keine Schwimmsachen dabei«, rief Sascha in die Runde, dessen Bauch zwar keine Badehose ersetzen konnte, aber ihn zweifelsfrei mit einem Rettungsring ausstattete.

»Na und? Ich auch nicht! Boxershorts!«

Du kennst diesen Moment, dieses »Sollen wir wirklich?«. Ich sah, wie Freddie sein noch halbvolles Bier wegzog. Okay, der Junge meinte es ernst. Freddi rannte noch schnell in unsere Garage und packte einen Bolzenschneider ein. Und dann ging es los! Als wir ankamen, merkten wir, dass der Bolzenschneider überflüssig war. Vor uns schien bereits jemand eingebrochen zu sein. Dieser Jemand hatte jedenfalls ein sichtbar großes Loch im Zaun hinterlassen, welches wir für unseren Einbruch dankend annahmen.

Der gesamte Abend war der pure Spaß – klar, a) unvernünftig wegen Alkohol und b) streng genommen nicht ganz legal. Freddi grinste kurz. »Hausfriedensbruch UND Sachbeschädigung…«, sagte er, ohne den Satz zu vollenden.

»Na ja, der Zaun war doch schon kaputt«, korrigierte ihn Sascha.

»Richtig. Aber wir hätten es getan, und darum geht es doch«, rechtfertigte sich Freddi.

Für mich jedenfalls war klar: Es mag eine Straftat sein, aber wir tun dabei niemandem weh. Noch heute bin ich der Meinung, dass man so was in der Art in seiner Jugend einfach mal erlebt haben muss.

Alles war perfekt, bis vier Polizisten das Freibad betraten. Einer blieb genau vor dem Loch im Zaun stehen, die restlichen drei versuchten uns mit ihrem Taschenlampenlicht zu erwischen. Ich weiß bis heute nicht, wer uns verraten hatte. Wir mussten uns schnell einen Plan überlegen. »Räuberleiter«, hörte ich von links. »Pssst!«, sagte Freddie und schlug Sascha mit der flachen Hand auf den Hinterkopf. Kennt ihr diese Leute, die einfach nicht flüstern können? So einer war Sascha. Wir sprinteten wie die Wilden in Richtung Zaun, stürmten in die entgegengesetzte Ecke des Lochs und halfen uns dank Räuberleiter gegenseitig über den Zaun.

Zu spät. Die Polizei hatte uns bemerkt. Freddie schrie, so laut er konnte: »Laaaaaaauuuuuuuft!« Wir beide sprangen zeitgleich über den Zaun und verschwanden in den dunklen Weinbergen. Von Weitem konnten wir aus der Dunkelheit beobachten, wie einer von uns geschnappt wurde. Es war Paul. Ich bin ganz ehrlich zu dir, Paul war jetzt nicht wirklich ein guter Freund von mir. Nicht, dass ich ihn nicht leiden konnte, aber wir hatten einfach kaum miteinander zu tun. Er war nur dabei, weil wir Pascal eingeladen hatten und Pascal gefühlt sein einziger Freund war.

Ich sah Freddie ratlos an: »Fuck! Was jetzt? Wir können Paul doch jetzt nicht zurücklassen.«

»Recht haste, Digga!«

»Komm mit!«

Wir liefen zurück und kamen langsam mit erhobenen Händen aus den dunklen Weinbergen. »Entschuldigung, er war nur aus Gruppenzwang dabei! Bitte geben Sie ihm keine Schuld«, sagte ich und versuchte dabei einen Hundeblick aufzusetzen.

Während wir langsam auf die Polizei zugingen, kam aus jeder Himmelsrichtung ein anderer von unserer Truppe, um die Schuld auf sich zu nehmen. Innerhalb von einer Minute war unsere Gruppe wieder vollständig. Ich weiß nicht, wie du das siehst, aber das war ein verdammt geiler Moment, fast filmreif!

Pauls Augen waren total verheult. »Danke, Kevin, ich hätte niemals damit gerechnet, dass du für mich zurückkommst! Ich dachte immer, du kannst mich nicht leiden.« – »Kein Problem, Paul! Das habe ich gerne gemacht. Außerdem ist das völliger Unsinn. Du scheinst mich nicht gut zu kennen«, schmunzelte ich.

Die Polizei machte uns vorwurfsvoll auf den Hausfriedensbruch und auf die Sachbeschädigung aufmerksam. Wie aus der Pistole geschossen, entgegnete Freddi: »Na ja, der Zaun war doch schon kaputt. Sonst hätten wir das niemals getan, und darum geht es doch.« Da hatte jemand seine Meinung aber schnell geändert, dachte ich und lachte versehentlich mit einem lauten »Ha!«.

Die Polizei fragte nur: »Wie bitte?« – »Ohne meinen Anwalt sage ich hier gar nix! Ich kenne meine Rechte, ich habe alle Folgen von CSI gesehen«, lachte Freddi.

Die Polizei nahm uns mit aufs Revier, wo wir auf unsere Eltern warteten. Auf dem Weg ins Revier fuhren wir im Dorf an dem Fenster mit der Omma vorbei. Und wir haben alle auffällig gewunken! Denn von dieser Aktion sollte jeder erfahren.

Jo, Freddi, Lust auf Schwimmbad heute?

Freddi:

Mit wem?

Pascal, Lommo, Skittle, Emelie, Anne, ich.

Freddi:

Wohin?

Trier

Freddi:

Wann?

14 Uhr Abfahrt

Freddi:

Eintritt?

3 €

Freddi:

Gibt's da 'ne Rutsche?

Ja.

Freddi:

Ist da der 10er?

Ja.

Freddi:

Ah, da gibt's auch Tore, 'ne?

Richtig.

Freddi:

Hast du 'n Ball?

Ja.

Freddi:

Alles klar, nee, sorry keine Lust heute.

8. Meine schönste Schulwoche

Die Sommerferien waren fast vorbei. Ich will ja nicht unbedingt sagen, dass mein Zimmer zugemüllt war, aber wenn es auf Chipstüten Pfand gegeben hätte, dann hätte ich finanziell ausgesorgt gehabt. Damals hatte ich so viele Tüten »Funny Frisch Ungarisch« gegessen, dass ich Ungarisch in meinem Lebenslauf als Fremdsprache hinzufügte.

Zu der Zeit war die Welt noch in Ordnung. Heutzutage gibt es ja bei Chips alle möglichen Geschmacksrichtungen, egal ob Tsatsiki, Autoreifen oder ungewaschener Fuß. Vor allem Frauen sind mit Chips sehr gut zu vergleichen. Bitte versteh mich nicht falsch, ich möchte dir jetzt nicht sagen, dass Frauen fettig und ungesund sind. Was ich vielmehr meinte, ist, dass man früher eine Handvoll Frauen kannte und damit zurechtkam. Heute weiß man durch das Internet gar nicht mehr, für wen man sich entscheiden soll.

Im Grunde genommen ist es ja bei allem so! Wenn ich heutzutage in den Supermarkt gehe, ist allein die Süßigkeitenabteilung größer als unser ganzes Dorf. In meiner Kindheit gab es im Tante-Emma-Laden immer diese blauen Schlümpfe, auch bekannt als Plombenzieher. Nichts auf dieser Welt hatte so sehr an den Zähnen geklebt wie ein Fruchtgummi-Schlumpf. Im Kindergarten hatte ich mal in einen Klebestift gebissen. Aber der wirkte im Gegensatz zum Schlumpf wie ein Kaugummi. Ich bin der Meinung, für die Fruchtgummi-Schlümpfe sollte es eine Altersbeschränkung geben. Nichts gegen Oma und Opa, aber wenn mein Opa einen Schlumpf essen würde, würde sein Gebiss schneller aus dem Mund fallen, als sich die Kandidatinnen beim Bachelor »verlieben«.

Außerdem gab es in der Naschecke noch Cola-Kracher, Weingummi-Kirschen und saure Apfelringe. Für 50 Pfennig konnte ich mir die Tüte so voll machen, dass ich meine ganze Familie davon hätte ernähren können.

Ich war immer zufrieden mit dem, was ich hatte. Aber auch alle anderen Kinder im Dorf haben sich nie über die Auswahl an Geschmackssorten beschwert. Jedenfalls kann ich mich nicht daran erinnern, dass mal jemand gesagt hätte: »Was ist das denn für ein Saftladen? Immer derselbe Geschmack hier. Ich hätte gerne mal Bonbons, die nach Fußnagel schmecken.«

Das Süßigkeitenparadies war unter anderem auch einer der wenigen Gründe, weshalb ich mich wieder so sehr auf die Schule freute. Ich wurde beim Hausmeister rundum mit Süßigkeiten versorgt. Hinzu kamen natürlich die Pausenbrote meiner Mutter, die ich immer an meine Mitschüler vertickt hatte, um mir davon heimlich Balisto und eine Vanillemilch beim Hausmeister zu kaufen.

Für mich stand nun also das 10. Schuljahr vor der Tür. Meine Mutter hatte mir beigebracht, dass Scheitern absolut nichts Schlimmes ist, solange man es wenigstens versucht hat. Warst du zum Schuljahresbeginn auch immer so motiviert? Zu meinen Vorsätzen zählte, regelmäßig meine Hausaufaufgaben zu machen, und zwar selbstständig, und einfach mal rechtzeitig für die Prüfungen zu lernen. Meine Motivation war sehr vorbildlich, zumindest was die ersten zwei Schultage betraf. Ab dem dritten Schultag lautete mein Motto wieder: »Scheitern ist absolut nichts Schlimmes, solange man es wenigstens versucht hat.«

Der erste Schultag in der 10. Klasse sollte anders verlaufen als gewohnt. Meine Klassenlehrerin, Frau Kortsch, betrat den Klassenraum: »Schönen guten Morgen, ihr Lieben! Ich hoffe, ihr hattet erholsame Ferien! Bevor wir zu viel Zeit verlieren, legen wir am besten direkt los. Wer möchte denn bei der Wahl zum Klassensprecher antreten? Derjenige möge bitte jetzt die Hand heben!«, forderte sie mit gezielten Blicken die fleißigen Schüler auf.

Ich zeigte auf.

»Kevin, es ist doch erst 8:03 Uhr. Musst du jetzt schon auf die Toilette?«, fragte Frau Kortsch und verdrehte die Augen.

Am liebsten hätte ich geantwortet: »Ja, Frau Kortsch, mir ist übel dank Ihrem Mundgeruch.« Doch ich sagte: »Nein, nein, ich möchte zur Klassensprecherwahl antreten. Ich glaube, eine Verantwortung würde mir guttun.«
»Äääähm, ja, das müssen deine Klassenkameraden entscheiden, nicht ich«, sagte sie und wirkte bereits erschöpft, so als hätte sie wegen mir schon ihren gesamten Energievorrat verbraucht.

Mit zitternden Händen schrieb sie also meinen Namen an die Tafel. Neben mir hatten sich noch Sven und Elsa freiwillig gemeldet. Sven war der klassische Musterschüler, der in der Schule alles bekommen hatte, aber wirklich alles. Gute Noten, Lob von den Lehrern und Prügel von uns. Elsa dagegen war ein ganz nettes Mädchen, das aber ungewollt viele Mitschüler von sich fernhielt. Durch ihre ständigen Gespräche mit dem Tafelschwamm.

Drei Namen standen also mit weißer Kreide an der Tafel. Für Frau Kortsch war dies allerdings nicht genug. Immerhin lag die Chance, dass ich gewinnen könnte, bei 33,333 Prozent. Also hatte sie noch Lara, Emelie und Anne zur Wahl hinzugefügt. Ihr Plan war offensichtlich, Frauenpower durchzusetzen. Was mir nicht nur aufgrund der unfairen Geschlechterverteilung auffiel, sondern auch, weil sie die weiblichen Namen dicker und mit mehr Druck an die Tafel schrieb. Die Namen Sven und Kevin waren dagegen kaum zu erkennen.

»Okay, jeder von euch hat eine Stimme. Schreibt euren Favoriten oder eure Favoritin auf einen kleinen Zettel, und gebt ihn hier vorne bei mir am Pult ab«, erklärte Frau Kortsch, die sonst nie gegendert hatte. Aber ausgerechnet jetzt betonte sie »eure Favoritin« lautstark.

Knapp zwei Minuten später hatte jeder seine Stimme abgegeben. Frau Kortsch begann eine Strichliste hinter die Namen an der Tafel zu schreiben. Insgesamt waren wir 31 Schüler, Emelie hatte eine Stimme (die war von mir), Sven hatte eine Stimme (der macht es sich heute noch selbst) und ich hatte 29 Stimmen. 29 Stimmen! 29! Ich schreibe die Zahl noch mal auf, damit du weißt, dass es kein Druckfehler war: 29!

Der Blick von Frau Kortsch war grandios. Es war eine Mischung aus Missgunst, Wut und Verzweiflung. »Ja, Kevin… dann hast du wohl gewonnen… Glückwunsch.«

»Frau Kortsch, ich kann mich nicht daran erinnern, dass ich Ihnen in meiner Position als offizieller Klassensprecher der 10a das Du angeboten hätte.« Meine Mitschüler lachten. Freddi brüllte: »Kevin Ray for President! Kevin Ray for President!«

Klar, Freddie hatte das aus Spaß gesagt, aber heißt es nicht: Was man im Spaß sagt, meint man auch ein bisschen ernst? Jedenfalls ratterte mein Kopf, denn ich wollte plötzlich hoch hinaus. Die Tatsache, dass ich jetzt Klassensprecher einer 10. Klasse war, qualifizierte mich automatisch für den Wahlkampf als Schulsprecher.

Zugegeben, alle anderen Klassensprecher wären für diesen Posten viel geeigneter gewesen als ich, sogar die aus der fünften Jahrgangsstufe. Doch ich hatte Großes vor. Ich hatte eine Mission. Ich hatte Visionen. Und ich wusste: Diese Schule braucht keinen Schulsprecher, sie braucht einen Anführer!

Eine Woche später fand in der großen Turnhalle eine Schulversammlung statt. Die Wahl für den Schulsprecher konnte beginnen. Das Prozedere war ganz simpel. Jeder, der zur Kandidatur antrat, stellte sich vorne auf die Bühne, auf der bereits ein Mikrofon samt Ständer bereitstand. Danach durfte jeder seine Ideen und sein Konzept vorstellen. Es ging im Wesentlichen darum, wie der Schulalltag durch den neuen Schulsprecher verändert werden könnte und welche Verbesserungsvorschläge er durchzusetzen versuchen würde. Alle Kandidaten hatten gefühlt dieselbe Leier erzählt: »Wenn ich Schulsprecher wäre, würde ich dafür sorgen, dass es in jeder Klasse immer genug bunte Kreide gibt!« – »Wenn ich Schulsprecher wäre, würde ich mich dafür einsetzen, dass es wieder für alle Jahrgangsstufen eine Garten-AG gibt!« Und so weiter.

Jetzt war ich an der Reihe. Ich hatte zwar noch keine Ahnung, wie ich meine Versprechungen umsetzen sollte, aber ich wusste immerhin, was ich zu sagen hatte: »Liebe Schülerinnen und Schüler, der Großteil von euch kennt mich! Ich habe kein Problem damit, mich mit dem Gegner zu duellieren, dem Gegner namens Lehrer! Für euer Wohl werde ich mein letztes Hemd geben. Zuerst werde ich alles daransetzen, dass beim Hausmeister die Preise günstiger werden, vor allem für Balisto und Vanillemilch. Und wisst ihr was? In Zukunft soll auch Kinder-Bueno angeboten werden!«

Ich brüllte, so laut ich konnte, in das Mikrofon: »Wenn ihr auch der Meinung seid, dass der Imbiss beim Hausmeister viel zu teuer ist, dann gebt mir ein H!«

Ein paar Schüler hatten sich getraut mitzuziehen, die anderen Schüler waren noch zurückhaltend. Also schrie ich noch mal: »Wenn ihr auch der Meinung seid, dass der Imbiss beim Hausmeister viel zu teuer ist, dann gebt mir ein H!« Ab diesem Moment hatte ich sie alle. Also schrien sie sich die Seele aus dem Leib: »H!«

»Wer ist der Meinung, im Matheunterricht sollte man immer einen Taschenrechner benutzen dürfen? Der gibt mir ein U!«

Die Schüler brüllen mit aller Kraft: »U!«

»Wenn ihr auch der Meinung seid, dass jede Klasse einen Cola-Automaten mit Gratisgetränken bekommen sollte, dann gebt mir ein M!«

Die Schüler brüllten wieder, was das Zeug hielt: »M!«

»Wenn ihr auch der Meinung seid, dass eine Unterrichtsstunde viel zu lang ist und auf 40 Minuten gekürzt werden sollte, dann gebt mir ein B!«

Die Schüler lachten, aber auch hier war wieder Verlass auf meine Fans. Sie gaben mir lautstark ein: »B!«

»Wenn ihr auch der Meinung seid, dass man in der Schule pro Woche einen Film gucken muss, dann gebt mir ein: ›Weiß der Geier oder weiß er nicht, scheiß egal, ich wähle dich!‹«

Zuerst schallte großes Gelächter zu mir hoch, danach jedoch kam ein unfassbar lautes: »Weiß der Geier oder weiß er nicht, scheiß egal, ich wähle dich!«

Als ich gerade meine »Humba« mit A vollenden wollte, kam Frau Kortsch auf die Bühne und riss mir das Mikrofon aus der Hand: »Liebe Schüler, wir vom Lehrerkollegium haben uns diesen Quatsch jetzt lange genug angeschaut. Hiermit entziehe ich Kevin Ray die Kandidatur. Er steht für die Schulsprecherwahl ab sofort nicht mehr zur Verfügung.«

Freddi sprang von seinem Stuhl auf und brüllte: »So Leute, jetzt alle: ›Lehrer, ihr könnt nach Hause gehen, ihr könnt nach Hause gehen, ihr könnt, ihr könnt…‹«

NIEMAND unterstützte Freddi, aus Angst vor den Lehrern.

Als alle Schüler zurück in ihre Klassen mussten, feierten mich alle für meine Ansprache. »Bei dir merkt man, dass du ein richtiges Dorfkind bist, du bekloppter Typ! Geile Aktion!«

Da mich meine Klasse so treu unterstützte, bereitete ich als Zeichen meiner Dankbarkeit eine kleine Überraschung vor. Ohne Frau Kortsch um Erlaubnis zu fragen, nahm ich mir 200 Euro aus der Klassenkasse und bestellte für die ganze Klasse Pizza.

Der Plan war eigentlich, dass die Pizza genau in der zweiten Pause geliefert werden sollte, aber welcher Pizzabote ist schon pünktlich? Mitten im Deutschunterricht klopfte es also an der Tür. Die Tür öffnete sich langsam, und ein warmer Duft von überbackenem Käse zog in die Klasse. Herein kam der Pizzalieferant samt Bestellung. Für diese XXL-Bestellung gab es sogar zusätzlich drei Cola-Flaschen umsonst.

Als ich gerade die 31 Pizzen an die Schüler verteilen wollte, sah ich, wie Frau Kortsch innerlich kochte. Hatte sie bereits nachgezählt? War ihr etwa aufgefallen, dass ich für sie keine Pizza mitbestellt hatte? Hand aufs Herz, aber das hätte sie nun wirklich nicht verdient.
Frau Kortsch keifte mich an: »Das ist ein Skandal!«
Ich fragte ganz trocken: »Um Rosi?«

Genau in diesem Moment wurde ich von Frau Kortsch als Klassensprecher abgesetzt. Auch wenn ich meinen Pflichten als Klassensprecher nicht nachgekommen war, galt auch hier: Scheitern ist nicht schlimm, solange man es wenigstens versucht hat.

9. Alles Gute zum Geburtstag

Wo hast du deine legendärste Party gefeiert? Den Kindergeburtstag im McDonald's lassen wir mal außen vor. Mittlerweile habe ich schon so oft in Clubs gefeiert, aber ich kann mich ehrlich gesagt an keinen besonderen Abend erinnern. Eine Party im Club fühlt sich an wie ein x-beliebiger One-Night-Stand. Man hat Spaß, ist an dem Abend befriedigt, aber nach geraumer Zeit hat man alles wieder vergessen.

Das Gegenstück zu einer Clubparty ist die Grillhüttenparty. Und ich bin mir sicher, dass du, noch während du das Wort Grillhüttenparty gelesen hast, auch an eine solche Party denken musstest. Die Wahrscheinlichkeit, dass diese Grillhüttenparty eine private Geburtstagsparty war, ist sehr hoch. Und? Hatte ich recht?

Die meisten Partys, die im Dorf stattfinden, bleiben im Gedächtnis. Im Grunde genommen ist eine Dorfparty wie der beste Sex, den man je hatte… oder der schlechteste, aber er bleibt im Gedächtnis!

Mein persönliches Grillhüttenparty-Highlight war der 18. Geburtstag von Pascal. Wenn ich als Mann auf einem Frauengeburtstag eingeladen bin, dann frage ich immer die Freundinnen vom Geburtstagskind, ob ich mich an dem Geschenk beteiligen kann. Aber wenn das Geburtstagskind Pascal heißt, dann kaufe ich einen hochprozentigen Schnaps, den ich auf der Party selbst trinke. Richtig, man könnte meinen, ich sei ein Fuchs.

Freddi hat mir zum Geburtstag mal einen Adventskalender geschenkt. Mein Geburtstag liegt allerdings vor der Weihnachtszeit, genauer gesagt, im Juli. In den vergangenen Jahren gab es in vielen Supermärkten tatsächlich schon Ende August Adventskalender. Aber wenn auch du ein Fuchs bist, wirst du bemerkt haben, dass Ende August nun mal nicht Juli ist. Immerhin sah der Adventskalender noch relativ neu aus, abgesehen von den 24 geöffneten Türchen.

Pascal zu Ehren machten Freddi und ich uns bei seinem Geschenk ein paar Gedanken. Schließlich war es Pascals lang ersehnter 18. Geburtstag. Ich leitete das Brainstormen ein und fragte Freddi nach einem Vorschlag.

»Ich habe zu Hause noch einen Adventskalender!«

»Freddi, ernsthafte Vorschläge, bitte. Pascal wird 18, da reicht auch keine Flasche Jacky.«

»Wie wäre es mit zwei Flaschen?«

»Freddi, reiß dich jetzt zusammen! Was fällt dir ein, wenn du an Pascal denkst? Nenn mir das Erste, was dir in den Sinn kommt.«

»Geile Mutter!«

»Freddi! Konzentrier dich mal! Okay, die ist wirklich scharf… aber jetzt überleg mal anständig, was wir Pascal schenken können.«

Es war so naiv von mir zu glauben, Freddi könnte bei der Suche nach einem passenden Geschenk behilflich sein. Leider bin ich im Sammeln von kreativen Geschenkideen wie der Empfang von o2 – eine Katastrophe.

Damals war das noch einfacher. Alles, was ich für ein Geschenk benötigte, waren Stift und Papier. Meine Mutter freute sich immer über meine selbsterstellten Gutscheine, auch wenn sie genau wusste, dass diese ihre Gültigkeit noch am selben Tag verloren. Na ja. Eigentlich hatte mich der Gedanke, Pascal einen selbstgebastelten Gutschein zu schenken, schon ein wenig gereizt.

Wie seine Reaktion wohl wäre, wenn ich ihm einen Zettel in die Hand gedrückt hätte: »Lieber Pascal, das hier ist ein Gutschein für 1x Nudeln kochen« – unterschrieben von sieben Freunden.

Nach einer knappen Stunde hatte Freddi einen meisterlichen Einfall. Dieser Vorschlag sollte Pascals Geburtstag unvergesslich machen. Welche Idee ihm durch den Kopf schoss, erfährst du gleich.

Endlich war es Samstag! Ich fuhr zur Grillhütte. Das Wetter hätte nicht besser sein können. Die Sonne schien, und am strahlend blauen Himmel zogen nur wenige Wolken vorbei. Ich versuchte etwas aus den Wolken zu erkennen. Und ich sah sie: Die Form einer Bierflasche. Das konnte kein Zufall sein. Es war ein Zeichen von Mutter Natur. Ich musste schleunigst zu meinem gekühlten Bier. Also drehte ich eine kurze Runde, um Pascal zu gratulieren und einen Blick auf das Büfett zu werfen, das größtenteils aus selbstgemachtem Nudelsalat von lieben Freundinnen bestand. Und dann gönnte ich mir mein erstes Bier auf der Party.

Am Büfett hatte ich mich verhältnismäßig früh bedient, da ich mich darauf einstellte, im Laufe des Abends nur zur Hälfte getrunkene Bierflaschen oder verknotete Luftschlangen im Salat zu finden.

»Sag mal, Freddi, hast du eigentlich eine Geburtstagskarte besorgt?«, fragte ich, obwohl ich genau wusste, dass meine Frage sowieso nichts mehr an der Tatsache geändert hätte.

»Ja, aber ehrlich gesagt ist das nicht die schönste Karte. Aber immerhin haben wir eine Karte.«

»Stimmt wohl. Danke fürs Besorgen!«

Zu dem Zeitpunkt wusste ich noch nicht, dass die Geburtstagskarte, von der Freddi sprach, einfach nur ein DIN-A4-Blatt aus seinem karierten Collegeblock war. Mit Korrekturrand und deutlich erkennbaren Tintenflecken, die Freddi scheinbar mit einem ausgetrockneten Tintenkiller zu entfernen versuchte.

Freddis Handy klingelte. »Alles klar, ich komme sofort.« Er legte auf und signalisierte mir, dass er sich kurz aus dem Staub machen würde, um Freddis Geschenk zu holen. Du ahnst es vielleicht schon. Freddi hatte einen Überraschungsgast organisiert. Nur noch mal zur Info: Der Plan war, dass Pascal sein Geschenk niemals vergessen sollte. Das war uns auch gelungen. Aber anders.

Mein Handy klingelte. »Freddi, was ist los?« – »Komm mal bitte zur Straße. SCHNELL!« O Mann, das hörte sich nach nichts Gutem an. Als ich zur Straße kam, lag Freddi auf dem Boden; er lachte Tränen. Neben ihm stand ein Mann mittleren Alters. Er stellte sich mit einer Stimme vor, die den täglichen Konsum von Whiskey und Zigarren vermuten ließ: »Hi, ich bin Domi!«

Mit leeren Blicken schaute ich ihn an, während mein Kopf einen Neustart benötigte und ein paar Sekunden brauchte, um hochzufahren. »Domi« war tatsächlich der Name, den sich Freddi für die Stripperin aussuchte. Dass Freddi einen Stripper bucht, war uns nicht klar. »Domi« war für mich die Kurzform von Dominique. Und eine Domina schloss ich in meiner Hoffnung auch nicht aus. Aber Dominik?! Mein Kopf brauchte noch mal drei Sekunden. NEIN. NEIN. NEIN. NEIN. Das konnte nicht wahr sein. Ich hoffte auf ein Missverständnis und fragte sicherheitshalber: »Sind Sie der Stripper?« – »Ja«, sagte er zurückhaltend, während Freddi sich immer noch vor Lachen auf dem Boden wälzte wie ein kleiner Hund. Obwohl weder Domi noch ich etwas dafürkonnten, war uns die, wenn auch sehr kurze, Konversation ein wenig unangenehm. Freddi war schuld.

Ich hielt mir die Hände vor das Gesicht und fragte mich, womit ich das verdient hätte. Kennst du den Film Magic Mike? Falls nicht, kennst du aber zumindest Channing Tatum, oder? Jetzt stell dir Channing Tatum mal oberkörperfrei vor. Und jetzt stell dir mal das exakte Gegenteil vor. Ein Bierbauch, eine behaarte Brust und ein paar schäbige Tattoos auf dem Oberarm. Hast du es bildlich vor Augen? Ja? Okay. Das war Domi.

Kennst du das, wenn jemand so sehr hustet, dass man hört, wie schleimig es gerade in seinem Rachen sein muss? Das war ebenfalls Domi.

Der DIN-A4-Zettel war also der schönere Part unseres Geschenks. Ich nahm Freddi zur Seite: »Bist du verrückt? DAS können wir Pascal nun wirklich nicht antun!«

»Digga, halb so wild«, lachte er wieder, nachdem er sich erst vor einer Minute von seinem Lachkrampf erholt hatte. »Außerdem war es nicht leicht, für heute noch jemanden zu finden, der noch nicht ausgebucht war«, argumentierte er. Dass der Stripper Domi keine Buchung hatte, wunderte mich ehrlich gesagt nicht.

»Pass auf, du bleibst hier, und ich geh rein, um alles vorzubereiten. Ich habe da noch eine geile Idee«, sagte ich zu Freddi, dem nichts anderes übrig blieb, als mir so zu vertrauen, wie ich ihm vertraut hatte, als er sich um das Geschenk kümmerte.

Ich lief in die Grillhütte und trommelte alle Gäste zusammen. »Seid bitte so nett, und wartet zwei Minuten. Wir möchten Pascal vor versammelter Mannschaft sein Geschenk überreichen.« Mit diesen Worten ließ ich die Erwartung aller Gäste um einiges ansteigen.

Ich zog Steven, Sascha und Skittle weg von den anderen. Steven und Sascha hatten sich am Geschenk beteiligt, und Connor (»Skittle«) brauchte ich für meinen Plan. Connor hatte seinen Spitznamen bekommen, weil er es in seinem Leben noch keine sieben Minuten am Stück ausgehalten hatte, ohne Skittles zu kauen. Skittle war in unserem Dorf quasi der Obelix: Er war ein herzensguter Mensch, und sein Körper war massiver als bei anderen. Wenn er sich wiegen wollte, stellte er sich mit beiden Beinen jeweils auf eine Waage. Jedenfalls hatte er Kraft ohne Ende! Man munkelte, seine Schwachstelle sei Kryptonit …

Wir riefen Freddi und den Stripper zu uns. Ich führte noch kurz ein Vier-Augen-Gespräch mit Domi. »Was hast du ihm gesagt?«, fragte Freddi neugierig. »Nur, dass er warten soll, bis ich laut jetzt rufe, damit er weiß, wann er reinkommen kann«, antwortete ich gelassen.

Wir gingen gemeinsam in die Grillhütte. »Lieber Pascal! Zum 18. Geburtstag wollten wir dir etwas schenken, was du definitiv im Leben nicht vergessen wirst. Ehrlich gesagt, haben wir soeben erfahren, dass wir spontan ein bisschen improvisieren müssen. Ich rufe einfach mal den Coup: JETZT!«

Skittle, Sascha und Steven packten Freddi an allen Körperteilen, hielten ihn fest und drückten ihn auf den Stuhl, den ich schnell in die Mitte gestellt hatte. Skittle hielt Freddi mit Leichtigkeit fest, während wir Freddis Arme und Beine mit Panzertape am Stuhl befestigten.

Dann spazierte Domi leicht bekleidet herein und tanzte auf Freddis Schoß! Den Mist durfte er jetzt selbst ausbaden. Alle Gäste amüsierten sich und hielten sich kaum noch auf den Füßen vor Lachen.

Ich drehte mich zu Pascal um: »Eigentlich war eine Stripperin für dich vorgesehen, aber Freddi, der Honk, hat aus Versehen den Typ da gebucht! In diesem Sinne: Alles Gute zum Geburtstag!«

10. Wie heißt eigentlich dieser eine Freund mit Vornamen?

Im Dorf ist die Anzahl der Familiennamen auf ein Minimum reduziert. Da kommt es dann schon mal vor, dass die gleichen Nachnamen miteinander schlafen, ohne verheiratet zu sein.

Stadtkinder würden jetzt sagen: »Ist ja auch eine Form von Geschwisterliebe.« Die Wahrheit aber ist, dass es in jedem Dorf diese drei bis vier Familiennamen gibt, die rund 80 Prozent der Einwohner tragen, obwohl sie teilweise nicht miteinander verwandt sind. Uns Dorfkindern ist es egal, was Stadtkinder darüber sagen.

Wie ist es bei dir? Bei uns ist es eine Seltenheit, wenn jemand mit seinem Vornamen angesprochen wird. Hauptsächlich nennen wir uns beim Nachnamen. Eine Ausnahme machen wir aber bei denen, die unter die genannten 80 Prozent fallen. Hier muss in der Regel ein Spitzname her. Da gibt es zum einen die regulären Spitznamen, die man in jedem Namenlexikon findet, und zum anderen die Spitznamen, die ihren Ursprung woanders haben.

In der letzten Geschichte habe ich dir von Skittle erzählt. Bei ihm ist zum Beispiel klar, woher der Name kommt. Wir haben aber auch alle diesen Freund mit einem Spitznamen, von dem keiner mehr weiß, wann und warum er entstanden ist. Hier lohnen sich nicht mal Spekulationen, weil eine Ableitung völlig unmöglich wäre. Selbst die betreffende Familie verwendet diesen Spitznamen. Wenn du diesen Freund laut mit Vornamen rufen würdest, würde er niemals reagieren. Vorausgesetzt, du kennst seinen Vornamen überhaupt. In meinem Freundeskreis ist dieser Jemand Lommo. Lommo ist halt Lommo. Vorname Lommo, Nachname Lommo, Spitzname Lommo, Geburtsort Lommo, Alter Lommo.

Freddi, Pascal, Lommo und ich waren mal auf einem Konzert von PUR. Ich bekomme heute noch Gänsehaut am ganzen Körper, wenn ich an das Konzert zurückdenke. Ein kleiner Tipp von mir: Gib dir PUR mal live, vertrau mir. Der Eintritt ist auch recht günstig, kostet nur den Verstand!

Während wir alle auf den Song »Wo sind all die Indianer hin« abgingen, war Lommo mit der nächsten Bierrunde an der Reihe. Er sammelte die Becher von uns ein und machte sich auf den Weg zur Theke. Bei der extremen Menschenmasse zwischen Bühne und Theke, war zu erwarten, dass Lommo einige Minuten brauchen würde, bis er wieder zurück wäre. Doch als Lommo nach

45 Minuten noch immer nicht zurück war, machte ich mir langsam Sorgen: »Hört mal, Jungs, wo bleibt eigentlich Lommo? Der ist schon seit einer dreiviertel Stunde weg. Nicht, dass dem was passiert ist.«

»Stimmt! Scheiße ey, der hat noch mein Pfand!«, gab Freddi besorgt von sich.

»Freddi, halt die Gosch, und nimm die Lage mal bitte ernst.«

Auch wenn man sagen muss, dass das Becherpfand auf Konzerten heutzutage so hoch ist, dass es durchaus Sinn ergeben hätte, sich mit vier Bechern aus dem Staub zu machen und sich ein neues Leben in Spanien aufzubauen. Aber nicht Lommo. Lommo hing dafür viel zu sehr an… Du denkst jetzt an Familie oder Freunde. Aber Lommo war anders. Lommo hing dafür viel zu sehr an seinem Traktor.

Freddi gab Lommo mal einen lieb gemeinten Rat und sagte, dass ihm ein bisschen mehr Frau und ein bisschen weniger Traktor ganz gut bekäme. So wie Lommo antwortete, hätte man denken können, er habe seine Ausbildung in der Landwirtschaft erfolgreich abgeschlossen und den Titel Bauer des Jahres erhalten: »Watt woll'n aich dann matt na Fra? Kann die uch Hänger zein oda Fälder flühn?« (Was will ich denn mit einer Frau? Kann die auch Hänger ziehen oder Felder pflügen?)

Ich glaube, wenn eine Frau Lommo im wahrsten Sinne des Wortes hätte anbaggern wollen, dann sollte sie nicht so was sagen wie »Hey, na du«, sondern leidenschaftlich Traktorgeräusche von sich geben. Fast hätte ich es mal über die Lippen gebracht, Lommo zu fragen: »Verhütest du eigentlich, wenn du mit deinem Traktor schläfst?«

Wie gesagt, Lommo ist Lommo. Traktorliebe hin oder her, er ist ein richtig geiler Typ. Pascal war auf dem Konzert an unserem Platz stehen geblieben, für den Fall, dass Lommo zurückfinden sollte. Freddi und ich hatten uns auf die Suche nach ihm gemacht. Wir klapperten jeden Bierstand ab, aber Lommo war nirgends aufzufinden. Auch bei Pascal war keine Spur von ihm. Wir riefen ihn etliche Male an, aber nichts passierte.

»Wehe, der pimpert jetzt irgendwo in der Ecke, und ich verpasse den Song ›Abenteuerland‹, dann pinkle ich gegen seinen Traktorreifen!«, fluchte Freddi.

Ich wusste zwar nicht, was Lommo gerade trieb, aber DAS konnte ich zweifelsfrei ausschließen: »Wen soll der denn bitte pimpern? Der guckt sich maximal auf der Toilette ein Traktorfoto an und keult sich einen. Aber auch dafür braucht man in der Regel keine 45 Minuten.«

Mittlerweile war das Konzert vorbei, und Lommo war wie vom Erdboden verschluckt. »Kev, lass mal bei der Polizei anrufen oder in den Krankenhäusern in der Umgebung nach Lommo fragen, vielleicht ist er ja dort!«, schlug Pascal vor. »Stimmt, mach ich!« Ich suchte eine Stelle auf dem Konzertgelände, auf dem die Geräuschkulisse nicht so enorm war, und wählte die Rufnummer der Polizeizentrale: »Schönen guten Tag, Ray mein Name! Ich hätte da mal eine kurze Frage. Und zwar waren meine Freunde und ich gerade auf dem Konzert von PUR, und unser Freund ist irgendwann spurlos verschwunden. Haben Ihre Kollegen ihn vielleicht hier abgeholt?«

»Wie heißt denn Ihr Freund?«

»Lommo!«

»Der Nachname?«

»Ach so, nein, kleinen Moment bitte.«

Ich drückte mein Handy an die Brust und guckte erschrocken zu meinen Jungs: »Wie lautet noch mal der richtige Name von Lommo?«

Beide schauten mich sprachlos an und zuckten mit der Schulter.

Unfassbar, wir hatten tatsächlich Lommos richtigen Namen vergessen, beziehungsweise frage ich mich gerade, ob ich ihn je wusste. Was ich zumindest wusste, war, dass das restliche Gespräch mit dem Polizisten ziemlich unangenehm werden würde.

»Hallo? Sind sie noch da?«, fragte ich, obwohl ich seinen Atem noch hörte.

»Ja, bin ich.«

»Es gibt da ein kleines Problemchen.« Hatte ich ernsthaft Problemchen gesagt? Egal. Ich fuhr fort: »Wir wissen leider nicht, wie er mit richtigem Namen heißt. Er reagiert jedenfalls auf Lommo!« Um ehrlich zu sein, bleibt es fraglich, ob er überhaupt auf seinen richtigen Namen reagiert hätte.

»Sie wollen mir also erzählen, Sie vermissen einen Freund, der mit Ihnen zusammen auf dem Konzert war, von dem Sie nicht den vollständigen Namen, geschweige denn den Vornamen, kennen?«

»So könnte man es sagen«, antwortete ich dem Polizisten, der die Lage vollkommen richtig erkannte.

»Tut mir leid, aber ohne den richtigen Namen kann ich nichts machen.«

»Alles klar, trotzdem danke.«

Ich legte auf und drehte mich zu Freddi und Pascal um: »Jungs, wie peinlich ist das denn bitte?! Wir müssen doch noch den kompletten Namen von Lommo kennen! Wenn wir gleich von Krankenhaus zu Krankenhaus fahren, um an der Pforte nach Lommo zu fragen, hätten wir dasselbe Problem wie bei der Polizei.«

Wenn uns also niemand Auskunft geben kann, müssen wir die Suche nach Lommo selbst in die Hand nehmen, dachte ich mir. Gleichzeitig stellte ich mir vor, wie ich durch den Park lief und Lommo wie einen Hund zu mir lockte: »Lommooo, hier her! Tütütütütütü, Lommooo, komm. Leckerli…«

Schnell gaben wir die Hoffnung auf, Lommo auf offener Straße zu finden. Wir brauchten die Unterstützung von Lommos Eltern. Doch die Unterstützung konnte es nur geben, wenn wir den Eltern von der Situation berichteten.

Wir fühlten uns, als wären wir Teil einer Krimiserie. Wir standen vor deren Haustür. Jetzt musste nur noch geklärt werden, wer klingeln sollte.

Wir regelten die Situation wie drei Vollidioten, denn wir spielten Schere, Stein, Papier. Natürlich ohne Brunnen. Pascal und ich hatten Schere, Freddi hatte Papier. Wie zwei kleine Kinder bewegten Pascal und ich jeweils unseren Zeige- und Mittelfinger wie eine Schere, um zu demonstrieren, dass wir Freddis Papier zerschnitten hätten.

Freddi war schon immer ein schlechter Verlierer. Und auch diesmal versuchte er aus der Nummer rauszukommen: »Nö, nö, nö, Jungs! Bis drei!«

»Vergiss es, Freddi! Jetzt mach schon!«, forderte ich ihn auf, ehe jemand aus der Nachbarschaft das ganze Theater mitbekommt.

»Na gut«, seufzte Freddi und klingelte. Als wir Schritte im Haus hörten, lief Freddi einfach weg. »Na super, jetzt kann ich die Situation erklären. Dieser feige Hund!«, murmelte ich vor mich hin.

Die Tür ging auf. Lommo stand uns gegenüber. Ich wusste nicht, ob ich lachen oder weinen sollte.

»Alter! Was zur Hölle machst du denn hier?«, fragte ich erfreut und warf ihm dennoch einen vorwurfsvollen Blick zu.

»Ai, aich wolltn hähm, aich dachtn sobald ihr maich vermisst, dann würdet ahr scho onrufen!« (Ei, ich wollte nach Hause, ich dachte sobald ihr mich vermisst, werdet ihr schon anrufen!)

»Digga, ist das dein Ernst? Wir haben dich x-mal angerufen, keiner ist ans Handy gegangen. Wir haben uns ohne Ende Sorgen um dich gemacht, und du chillst hier daheim?«, fragte ich wieder erleichtert und verärgert zugleich.

»Mäich hat kaanen angerufen.« (Mich hat keiner angerufen.)

»Dann guck doch mal auf dein Handy!«

»Oha, 38 verpasste Anrufe! Okay, dat tut ma läid! Da hatter bestimmt angeruf, als aich Heu hole woar mim Traktor für de Nachboar!« (Okay, das tut mir leid! Da habt ihr bestimmt angerufen, als ich Heu holen war mit dem Traktor für unseren Nachbarn.)

»Na ja, die Hauptsache ist doch, dass nichts Schlimmes passiert ist. Mit der Ausnahme, dass Freddi ›Abenteuerland‹ verpasst hat…«

… und Lommo seinen Traktorreifen schrubben musste.

Lommo:

Keeeeevin, du wirst es nicht glauben!

Du hast mit deinem Traktor Schluss gemacht?

Lommo:

Haha, du Spacko!

☺ ... was denn?

Lommo:

Ich habe ein Date!

Das glaube ich wirklich nicht.

Lommo:

Dann lass es! Ich lüge dich aber nicht an.

Korrekt, mein Freund!

Lommo:

Danke ☺

Wie heißt er?

Lommo:

SIE!!!!

Okay, wie heißt sie?

Lommo:

Alex.

Alex? Schick mal ein Bild von ihm!

Lommo:

IHR !!!!!!!!!!!!!

Hast du ein Bild?
Ja oder nein?

Lommo:

Sie schickt mir gleich eins,
dann leite ich das weiter.

Okay.

30 Minuten später:

Lommo:

Was für ein Spacko.

Was hab ich jetzt gemacht?

Lommo:

Nicht du! Er.

Wer?

Lommo:

Alex!

HAHAHAHAHAHAHAHAHAHAHAHAHAHAHA.

11. Eins zu null für Mama

Natürlich kaufen wir im Dorf, wie jeder andere auch, ganz normal in Supermärkten ein. Doch eine gute Nachbarschaft im Dorf erwies sich schon immer als vorteilhaft. Denn wenn die Supermärkte geschlossen waren, mussten wir nicht auf morgen warten, sondern klingelten immer nett beim Nachbarn. Brauchst du Milch? Geh zum Nachbarn. Brauchst du Mehl? Geh zum Nachbarn. Brauchst du Sex? …

Deine Nachbarn unterscheiden sich wahrscheinlich nicht großartig von meinen. In jeder Nachbarschaft gibt es den Elektriker, den Kfz-Mechaniker und den Dummschwätzer. Dem Dummschwätzer ist keine Lüge zu peinlich. Unser Dummschwätzer erzählte immer, ihm würde das Krankenhaus gehören, obwohl er nur Krankenpfleger ist.

Wenn aber deine eigene Omma in der Nachbarschaft wohnt, hast du den absoluten Jackpot geknackt. Wie Johann Amadeus Mozart schon sagte: »Çok güzel« (sehr schön). Wahrscheinlich denkst du gerade, äääähm Kevin, der heißt nicht Johann, sondern Wolfgang. Ich weiß! Aber vor vielen Jahren habe ich in der Schule im Musikunterricht einen Test geschrieben. Die erste von insgesamt zehn Fragen lautete: Wie heißt der Wolfgang, der die Geschichte der Musik am meisten geprägt hat? Die richtige Antwort wäre Wolfgang Amadeus Mozart gewesen. Doch in meinen Augen war das völliger Schwachsinn! Denn der einzig wahre Wolfgang, der die Geschichte der Musik geprägt hat, ist Wolfgang Petry! Auf keinem Schützenfest hatte ich je ein Lied von Mozart gehört, aber ein Schützenfest ohne Wolle Petry war undenkbar. Aus Protest nenne ich also Wolfgang Amadeus Mozart seit jenem Tag Johann. Ja, ich bezweifle auch, dass Johann Amadeus Mozart den Ausdruck »Çok güzel« kannte, aber wenn deine Omma in der Nachbarschaft wohnt, ist das nun mal Gold wert.

Immer wenn ich von der Schule nach Hause kam und meine Mutter auf der Arbeit war, war meine Omma meine Rettung. Sie hatte nicht einfach nur gekocht. Sie konnte auf dem Herd zaubern. Meine Omma tischte Gerichte auf, die kein Fünf-Sterne-Lokal dieser Welt auch nur ansatzweise zubereiten könnte. Ommas sind großartig! Und großartige Ommas haben auch großartige Töchter. Richtig, die Rede ist von meiner Mutter. Mütter sind und bleiben die Besten. Es gibt keinen Weg, den ich für meine Mutter nicht gehen würde… solange ich ein Wegbier habe. Aber mal im Ernst: Ich liebe meine Mutter mehr, als man überhaupt lieben kann.

Wenn ich heute darüber nachdenke, wie oft meine Mutter mir in meiner Pubertät auf den Sack gegangen ist, macht es mich traurig, dass ich in dem Alter so rebellisch und hin und wieder auch frech zu ihr war.

Es war ein ganz normaler Dienstagnachmittag. Freddi kam aufgebracht auf mich zu: »Boah ey, meine Mutter geht mir manchmal so hart auf den Sack, kennste das?« – »Klar! Deine Mutter geht mir auch manchmal auf den Sack!« Wir lachten.

Heute kann ich jede Handlung meiner Mutter bestens nachvollziehen. Da sie ab meinem zwölften Lebensjahr alleinerziehend war, hatte sie immer versucht, zusätzlich die Vaterrolle zu übernehmen. Zusammengefasst: Sie wollte immer nur mein Bestes.

Bevor du mich missverstehst: Mein Vater lebt. Er war nur nie für mich da. Man könnte sagen, mein Vater hat sich so oft um mich gekümmert, wie Bayer Leverkusen in der Bundesliga Deutscher Meister wurde. Meine Mutter hingegen ist, wie die heutige Jugend es formuliert, eine Ehrenfrau.

Diese Geschichte werde ich niemals vergessen. Alle meine Jungs hatten sich verabredet, um zur Kirmes zu fahren. Ja, die besten Dörfer haben so was, zumindest in ihrer Umgebung. Dank einer Sechs im Chemietest durfte ich nicht mitfahren. Ich verstand nicht, weshalb meine Mutter sich plötzlich so sehr über die Sechs aufregte. Das kam ja schließlich nicht zum ersten Mal vor.

»Bitte Mama! Bitteeee! Leih mir nur zehn Euro und lass mich bitteeee mit den Jungs auf die Säubrenner Kirmes fahren. Ich verspreche dir auch, ab morgen wieder regelmäßig für die Schule zu lernen«, flehte ich sie jammernd an.

»Kevin, nein heißt nein! Wie oft hast du schon gesagt, du würdest lernen? Noch nie hast du dein Wort gehalten!«

»Ja, aber aller guten Dinge sind drei.«

»Richtig, drei! Nicht drei Millionen!«

»Oooh Mamaaaaaa, bitte! Freddi hatte für Chemie auch nicht gelernt und darf trotzdem auf die Kirmes!« Ich versuchte möglichst gut zu argumentieren, doch meine Mutter musste mal wieder alles kaputt machen: »Ach so, wenn Freddi von der Brücke springt, dann würdest du das also auch tun?« Ich musste dagegenhalten: »Kommt auf die Höhe an.« –

»Witzig, Kevin, sehr witzig. Jetzt Ende der Diskussion. Sobald deine Noten wieder stimmen, darfst du auch feiern gehen.«

Ich ging wütend in mein Zimmer. Freddi rief an: »Kev, wie sieht's aus? Konntest du deine Mutter noch überreden?«

»Nein, versuch du mal bitte dein Glück! Vielleicht sagt sie ja bei dir ›ja‹.«

»Alles klar, ich rufe eben bei euch auf dem Haustelefon an und melde mich dann in fünf Minuten wieder bei dir.«

30 Sekunden später ruft Freddi mich wieder an: »Sorry, ich habe alles gegeben. Keine Chance! Lass einfach gut sein. Montag sehen wir uns in der Schule, und nächstes Wochenende starten wir dann wieder was.« Wie heftig muss bitte das Gespräch gewesen sein, wenn Freddi nach 30 Sekunden sagt, er hätte alles gegeben?

Ich klärte Freddi am besten direkt auf: »Meine Mutter hat gesagt, ich darf erst wieder feiern gehen, wenn meine Noten stimmen.«

»Okay, das ist krass. Du wirst mir fehlen, Bro!«

»Haha, Spacko!«

»Weißt du, was ein Spacko dir jetzt sagen würde? Dass er heute Abend auf der Kirmes ist und mit Emelie Geisterbahn fährt. Die Geisterbahn soll dieses Jahr echt gruselig sein. Reicht für Emelie bestimmt aus, um sich vor lauter Angst an den Spacko zu kuscheln.«

»Sorry, du bist kein Spacko, du Hundesohn!«

»Wuff wuff, mein Freund, bis Montag.«

»Hau rein, viel Spaß.«

Das Gespräch mit Freddi hatte mich provoziert. Mir war alles egal. Alles.

Außer Emelie.

Ich kletterte also aus meinem Zimmerfenster, sprang auf das Garagendach und machte mich aus dem Staub. Ich weiß noch, wie cool ich mich gefühlt hatte, nicht auf meine Mutter gehört zu haben und einfach gegen ihren Willen entschieden hatte, auf die Kirmes zu gehen.

Als ich nach ein paar Stunden durch mein Fenster wieder zurück in mein Zimmer kletterte, hatte ich mich so ruhig verhalten, dass meine Mutter mich niemals hätte hören können. Und das, obwohl der Weg über das Garagendach ins Haus viel umständlicher war als umgekehrt. Am nächsten Morgen ging ich die Treppe runter, meine Mutter saß am Küchentisch.

»Na, gut geschlafen?«, fragte sie.

»Bestens, und selbst?«

»Ja, auch sehr gut, danke.«

Wir schwiegen uns eine Weile an. Während ich mir noch halb verschlafen die Milch in meine Cornflakes-Schüssel schüttete, riss sie mich mit ihrer Frage aus meinem Morgen-Muffel-Status: »Warst du gestern doch noch auf der Kirmes, obwohl ich es dir nicht erlaubt habe?«

»Hä? Was laberst du? Ich war oben am Schlafen?!«

»Ganz sicher?« Meine Mutter machte mir Angst. Woher hätte sie davon erfahren sollen? Also sagte ich mit viel Überzeugungskraft in meiner Stimme: »Garantiert!«

»Dann schau doch mal in dein Portemonnaie.«

Mein Portemonnaie? Was wollte sie denn damit? Ohne zu wissen, worauf sie hinauswollte, öffnete ich es. Zu sehen war ein Fünfzig-Euro-Schein. Meine Mutter wechselte das Zimmer. Sie ging in Richtung Wohnzimmer und sagte im Vorbeigehen: »Das Geld habe ich dir gestern Abend schon zugesteckt, ohne dass du es bemerkt hast. Ich wusste, dass du dich nicht damit zufriedengibst, zu Hause zu bleiben, und heimlich abhauen würdest. Ich bin nicht blöd, Kevin. In deinem Alter hätte ich mich nicht anders verhalten. Aber ich hätte nicht erwartet, dass du mir so dreist ins Gesicht lügst.«

Die Enttäuschung war ihr regelrecht anzusehen. Ja, das war ein kleiner Stich ins Herz. Ich habe mich so sehr geschämt. Ich empfand Scham, gefolgt von noch mehr Scham. Seit diesem Tag kann meine Mutter zu einhundert Prozent auf meine Wahrheit vertrauen. Eins zu null für Mama, würde ich sagen…

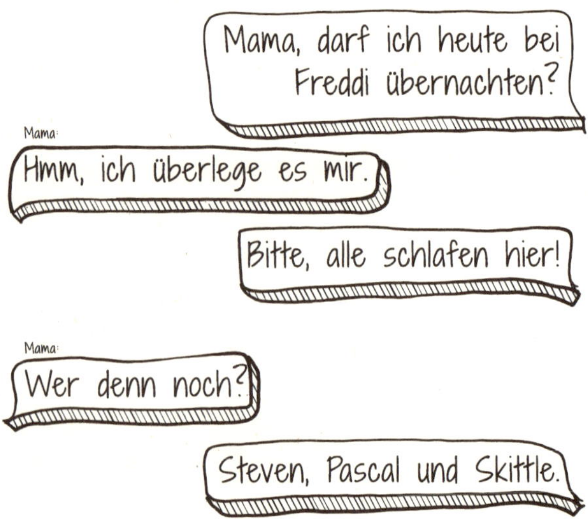

Mama:

Pascal ist zu Hause, habe gerade mit seiner Mutter telefoniert!

DU BIST SO PEINLICH! Warum tust du so was??? -.-

Mama:

Entspann dich, junger Mann, ich habe nur geblufft.

Ich auch.

12. Ja. Nein. Vielleicht.

Wann hast du angefangen, dich so richtig für Mädchen oder Jungs zu interessieren? Bis zu meinem 15. Lebensjahr hatte ich ganz klar andere Prioritäten. Mich interessierten Fragen wie: Wer kann am längsten rülpsen? Wer traut sich, seinen eigenen Furz anzuzünden? Oder ganz klassisch, wer hat Lust auf eine Runde Fußball?

Heute ist alles anders. In dem Alter, in dem ich noch mit Spielzeug spielte, teilen Kinder heutzutage ihr Spielzeug mit ihren eigenen Kindern. Die Jugend von heute ist mir ein bisschen zu frühreif. Die eigene Jugend sollte man in vollen Zügen genießen, und jeder Wunsch sollte ausgelebt werden, sonst wird einem später im Leben was fehlen. Ich persönlich merke dies momentan sehr deutlich. Jedes Wort, welches ich hier schreibe, lässt mich gedanklich ein Stück weit wieder in meiner Jugend leben.

Mit 16 Jahren hatte irgendwann auch bei mir das Interesse am anderen Geschlecht angefangen. Kurz gesagt: Jetzt wollte ich mal bumsen! Doch wie inspiriert man am besten ein Mädchen? Das war die alles entscheidende Frage. Oder konkret: Wie inspiriere ich am besten Emelie?

In der *BRAVO* hatte ich mir damals einen seriösen Artikel von dem einzig wahren Dr. Sommer durchgelesen: »Zehn Tipps, wie du deinen Schwarm beeindruckst.« Dieser Artikel füllte sogar eine Doppelseite, wobei sich die linke Seite an die Frauen richtete und die rechte Seite an die Männer. Zugegeben, ich hatte beides gelesen. Du musst dir an dieser Stelle das Lachen nicht verkneifen. Ja sorry, ich war zwar ein krasser Typ, aber auf die *BRAVO* konnte ich in meiner Jugend einfach nicht verzichten. »Ich, Kevin Ray, habe die *BRAVO* gelesen und geliebt, aber ich bin ein ehrenwerter Mann und stehe zu meinen Schwächen.« Außerdem war die Seite mit der nackten Frau quasi mein YouPorn, nur zum Verständnis.

Na ja. Zurück zu dem Artikel von Dr. Sommer. Diese Ausgabe kam genau zur richtigen Zeit. In dem Artikel »Zehn Tipps, wie du deinen Schwarm beeindruckst« standen jedenfalls einige interessante Punkte. Einer davon blieb mir bis heute im Gedächtnis: »Frauen stehen auf Männer in Uniform!« Für mich war das nur schwer vorstellbar, da ich genau in dem Moment an unsere Freiwillige Feuerwehr dachte. Alles nette Jungs, aber nach Sex-Appeal würde man bei denen so lange suchen wie nach einem dicken Kind in der Gemüseabteilung. Sexuelle Abwechslung bedeutete bei denen: Ach, heute mal die andere Hand.

Kennst du das Klischee der Feuerwehrmänner? In Filmen kommt eine ganze Truppe von Feuerwehrmännern, nur um eine Katze vom Baum zu retten. Wenn bei uns im Dorf eine Katze auf dem Baum ist, kommt höchstens einer von der Freiwilligen Feuerwehr, der einen Lederball so oft hoch in den Baum schießt, bis die Katze freiwillig wieder runterkommt.

Oder kennst du diese Kalender von Feuerwehrmännern? Von Januar bis Dezember, jeden Monat ein anderer muskulöser Typ, oberkörperfrei und schwitzend. Mit seinem Schlauch in der Hand. Unsere Freiwillige Feuerwehr ist das exakte Gegenteil. Der Kalender war scheinbar ein bisschen zu viel Inspiration für die Jungs. Richtig. Sie erstellten ebenfalls einen Kalender. Ein Exemplar bekam ich mal zufällig zu Gesicht. Dieser Anblick hat sich so sehr in mein Hirn gefressen, dass ich bis heute noch alle Monate bildlich vor Augen habe. Denn der kleine, aber feine Unterschied war: Der Feuerwehrmann von Januar war so dick, dass er alle Monate bis einschließlich Dezember selbst einnahm. Manchmal sind es eben die kleinen Dinge im Leben, die den Unterschied machen.

Ich möchte hier keineswegs schlecht über unsere Freiwillige Feuerwehr reden, das sind super Jungs! Auch wenn sie eher ihren Durst löschen als einen Brand. Wochenende für Wochenende hatten sie ihren Alkoholspaß vor der Theke. Was mich an dieser Stelle immer wunderte: Keiner von denen ist nüchtern, aber alle haben ihren Pieper zur Alarmbereitschaft dabei. Eines Abends ergriff ich die Chance und sprach Udo aus der Freiwilligen Feuerwehr darauf an. Udo hatte in seinem Leben schon viel Erfahrung mit Feuer. Schließlich hatte er schon drei Brände gelegt.

»Hör mal, Udo, du kannst mir nicht erzählen, dass du nüchtern bist.« Mit seinem weißen T-Shirt voller Alkoholflecken, legte er seinen Arm um mich und lallte mir feucht ins Ohr: »Ich habe mehr Sprit intus als jede Tankstelle!«

»Richtig! Dann erkläre mir jetzt mal bitte, warum du deinen Pieper zur Alarmbereitschaft dabeihast. Was wäre, wenn du jetzt plötzlich aufbrechen müsstest? Du könntest doch nicht mal den Schlauch allein halten. Statt den Brand zu löschen, würdest du doch eher das Nachbarhaus unter Wasser setzen.«

»Wieso ›müssen‹? Wir sind die FREIWILLIGE Feuerwehr! Wir müssen hier gar nix!«

Frage beantwortet. Welche Frage aber noch offenstand: Wie inspiriere ich am besten Emelie? Das Kapitel Emelie sollte ja nicht nur eine schnelle Nummer sein, sondern im besten Fall so lange halten wie möglich. Auch hier gilt wieder: Heute ist alles anders!

Heutzutage schreibt man sich mit seinem Schwarm ununterbrochen per WhatsApp. Und wehe, man muss länger als zehn Minuten auf eine Antwort warten. In unserer Zeit war das kaum vorstellbar, oder? Wenn wir damals am Tag sechs bis sieben SMS verschickt hatten, was schon verdammt viel war zu dem Zeitpunkt, gaben wir immer *100# in die Handy-Tastatur ein und checkten unser Guthaben. Erst dann entschieden wir: »Hmmm, schreibe ich noch weiter oder nicht?« Ein heutiger WhatsApp-Chatverlauf hätte zu unserer Zeit ungefähr 45 Euro gekostet. Erinnere dich gerne mal zurück. Pro SMS 19 Cent, 160 Leerzeichen. Und wie oft hatten wir am Ende der SMS einfach nur Hass, weil das letzte Wort nicht mehr gepasst hatte. Eine zweite SMS anzubrechen war keine Option, also mussten wir handeln. Alle unnötigen Kommas, weg. Alle unnötigen Leerzeichen, weg.

Irgendwann kam dann die Zeit, wo die einen eine SMS-Flat hatten und die anderen eine Telefon-Flat. Ich weiß nicht mehr, wie oft ich damals diese SMS bekommen habe: »Ruf mich mal an, du hast ne Flat!«

Oft hatten wir auch die Leute im Freundeskreis oder in der Familie, die sich bei einer SMS immer kurzhielten, obwohl sie die 19 Cent ja sowieso bezahlen mussten: »HiKevinrufmichan«. Und HEUTE sind das diejenigen, die in WhatsApp ein einziges Wort schreiben und es sofort abschicken. »Hi« SENDEN »Kevin« SENDEN »wie« SENDEN »geht« SENDEN »es« SENDEN »dir« SENDEN.

Emelie war für mich das Mädchen, für das ich jeden Tag meine 15-Euro-Prepaid-Karte aufgeladen hätte. Wer war deine Jugendliebe? Wie ist es geendet? Heute stehe ich auf der Bühne und habe Spaß daran, vor vielen Leuten meine Späßchen zu erzählen. Kaum vorstellbar, dass ausgerechnet ich der Typ Mann bin, der nicht den Mut aufbringen konnte, mit einem Mädchen einfach mal einen Flirt zu starten. Oft wurde mir die Frage gestellt: »Was wäre denn das Schlimmste, was sie sagen könnte?« – »Nein!« – »Wäre das wirklich so schlimm?« – »JA MANN! EINFACH JA! DAS WÄRE SCHLIMM!«

Hmmm, okay!
Was würde denn bei dir am besten ankommen?

Emelie:

Bei mir? Ach, so normal wie möglich am besten, mit ein bisschen Witz ...
So was wie: Lust, mal was essen zu gehen?
Ich muss dich aber wahrnen, es könnte dir gefallen!

Okay! Lust, mal was essen zu gehen?
Ich muss dich aber wahrnen, es könnte dir gefallen!

Emelie:

Neee du, das kommt auch nicht so gut bei mir an ☺

Hö? Ich dachte, das kommt gut bei dir an?

Im Gegensatz zu mir war Freddi in der Hinsicht absolut schmerzfrei. Er war so der Typ: Hauptsache, was am Start. Mitten auf der Tanzfläche vom Schützenfest hatte er mit einer Frau geknutscht. Ob sein Abend beneidenswert war? Entscheide selbst: Die Frau war größer als er, hatte einen Anker auf dem Oberarm tätowiert und Schuhgröße 46.

Am nächsten Tag war sie sogar wieder auf dem Schützenfest. Aber nicht wegen Freddi. Sie hatte Dienst. Als Security.

Zurück zu Dr. Sommer, dem Ehrenmann meiner Jugend. Auch den zweiten Punkt aus dem Artikel möchte ich dir nicht vorenthalten: »Halte dich möglichst viel bei anderen Frauen auf, damit dein Schwarm das Gefühl bekommt, du seist begehrt.« Diesen Punkt hätte das Team von Dr. Sommer gerne ausführlicher erklären dürfen.

Abgesehen von den wenigen Minuten, die ich in der Warteschlange vor dem Pommes-Wagen stand, hielt ich mich den ganzen Abend in einer großen Frauenrunde auf. Ich war quasi der Hahn im Korb – bei meiner Mutter und ihren Freundinnen. Unter ihren Freundinnen befand sich auch Gabi. Gabi ist die Person, wegen der wir alle schon mal folgenden Satz geflucht haben: »Ich hasse Menschen.«

Als ich Gabi einmal zuhörte, stellte ich mir vor, was sie wohl beruflich machte. Prediger für Öko-Nahrung, das war ihre Berufung fürs Leben. Wie die Zeugen Jehovas klingelte sie von Haustür zu Haustür: »Schönen guten Tag! Darf ich Ihnen etwas über das neue Dinkel-Hafer-Brot erzählen?«

Ihr zuzuhören war die reinste Qual. Kennst du das, wenn du einfach so tust, als wärst du nicht zu Hause? Immer wenn Gabi unterwegs war, verhielt ich mich ganz leise, machte alle Lichter aus und platzierte mich in irgendeiner Ecke unterhalb des Fensters.

»Och, ich habe ja solch ein Glück mit meinem Klaus!«, warf sie mit ihren schielenden Augen in die Runde.

»Mein Mann hat mir drei wirklich großartige Kinder geschenkt, das glaubt ihr mir nicht!«

In meinem Kopf herrschte nur der Gedanke: Doch, liebe Gabi, das glaube ich dir, ...wenn die Betonung auf geschenkt liegt. Geschenkt bedeutet nicht zwingend gezeugt. Um ehrlich zu sein, waren ihre drei Söhne nicht das Gelbe vom Ei. Malte-Sönke-Hagen ... war einer davon. Ich kannte ihn. Wir gingen in dieselbe Klasse.

Du darfst dir sehr gerne ein eigenes Bild von ihm machen: Ganz stolz war er immer auf seine GEOX-Schuhe. Die Art, wie er mit denen lief, erinnerten an einen Catwalk. Er stellte seine Schuhe sogar anderen Leuten vor wie einen Lebenspartner: »Hallo, schau mal! Das ist GEOX, der Schuh, der atmet.« Lieber hätte er sagen sollen: »Hallo, schau mal! Das ist GEOX, der Schuh, mit dem man keine Verhütung braucht!«

Als hätten seine Schuhe nicht als Verhütungsmethode gereicht, trug er ständig seine nie gewaschene blaue Cordhose und einen Pullover, von dem wir bis heute nicht wissen, woraus er bestand. Nach langem Rätseln schätzte ich: aus Dinkel.

Nicht nur Style, auch Alkohol war bei Malte-Sönke-Hagen ein Fremdwort. Auf Klassenfahrt haben wir ihn mal abgefüllt, aber nicht etwa mit Bier oder Hochprozentigem, sondern mit Mon Cheri. Er hatte sich ja sooo über die Schachtel Pralinen gefreut.

Um das Ganze abzukürzen: Malte-Sönke-Hagen wäre die letzte Person auf Erden, die ich nach einem Tipp fragen würde, zumindest was Frauen anbelangt. Ach, was schreibe ich da: Er wäre nicht nur die letzte Person auf Erden, sondern das letzte Wesen auf Erden. Jeder Blattschwanzgecko hat mehr Ahnung von Frauen.

Das Problem ist, jeder Blattschwanzgecko hätte vermutlich auch mehr Ahnung von Frauen als ich. Immerhin hatte ich die Motivation, Emelie nach einem Date zu fragen. Nur hilft einem die beste Motivation nichts, wenn man keinen Plan hat, wie man das Ganze anzugehen hat. Na ja. Ganz so planlos war ich dann doch nicht. Mein Plan war, Freddi nach einem Rat zu fragen, denn er hatte scheinbar einen Plan: »Digga, vertrau mir einfach! Du fährst mit ihr zusammen auf deinem Roller auf den Berg zu dem Aussichtspunkt. Alles wird vorbereitet sein.«

Gesagt, getan! Das Wetter war perfekt. 25 Grad Celsius und eine leichte Windprise sind einfach nicht zu überbieten. Kennst du diese Anspannung, die man fünf Minuten vor einer Mathearbeit hatte? Diese Anspannung zog durch meinen kompletten Körper, eins zu eins. Immerhin hatte ich nicht den blassesten Schimmer, was mich, oder besser gesagt uns, auf dem Berg erwarten würde.

Emelie stand bereits vor der Haustür, als ich zu ihr fuhr, um sie abzuholen. Sie trug ein süßes Blumenkleid, hatte eine Sonnenbrille im Haar und strahlte mehr als jeder Sonnenschein. Ich war so sehr von ihr angetan, dass ich aufpassen musste, nicht zu sabbern. Mit ihrer zarten Stimme sagte sie: »Hey Kevin! Na los, sag schon, wo fahren wir hin?«

»Glaub mir, Emelie, ich bin mindestens genauso neugierig wie du«, dachte ich, sagte aber: »Lass dich überraschen. Wir werden uns einen coolen Nachmittag machen.«

Los ging die wilde Fahrt. Mein Körper war voller Adrenalin, wie bei einem Vierjährigen, der vor einem Weihnachtsbaum voller Geschenke steht.

Am Aussichtspunkt angekommen, fanden wir einen gedeckten Tisch vor. Mir sprang die Kühlbox, die danebenstand, sofort ins Auge. Jackpot, dachte ich. Emelie wiederum bemerkte einen Briefumschlag auf dem Tisch.

»Aaaaaaaaaw, jetzt bin ich aber mal gespannt. Womit habe ich das denn verdient?«

»Ach«, sagte ich wie ein Gentleman, »wenn du es nicht verdient hast, wer dann?«

Ich wünschte, ich hätte ihr etwas anderes gesagt. Eigentlich hätte ich wissen müssen, dass Freddi der Versuch,

Romantik ins Spiel zu bringen, misslingen würde. Ich war auf den Brief mittlerweile noch gespannter als Emelie. Vorsichtig öffnete sie den Umschlag und holte den Brief heraus. Es war ein handgeschriebener Brief auf einem Briefpapier … von Diddl. Ich verdrehte die Augen. Alter Freddi, dachte ich mir, war das dein Ernst? Diddl? Das Diddl-Blatt hatte er bestimmt aus dem Sammelordner seiner kleinen Schwester. Na super. Wieso hatte ich Emelie den Umschlag nicht einfach aus der Hand gerissen und ihn aus Versehen verbrannt? Diese Frage stellte ich mir erst recht, als ich sah, dass Emelies Name FALSCH GESCHRIEBEN war.

»Mich schreibt man mit E am Ende, aber ist nicht schlimm. Kennen uns ja erst seit knapp 14 Jahren«, drückte sie mir vorwurfsvoll, mit einem leichten Schmunzeln, auf mein Gewissen.

O mein Gott, war mir das peinlich! Egal, wie der Rest verlaufen würde, für diese Aktion hatte Freddi schon mal eine Schelle verdient. Emelie begann, den von Freddi verfassten Brief vorzulesen:

Liebe Emeli,

du fragst dich sicherlich, warum ich das alles für tue. Abgekürzt: Du bist geil. Ich weiß, wir sind schon so lange befreundet, aber mit der Tatsache, dass ich der geilste Typ bin, der weiß, was du brauchst, kann man aus einer Freundschaft auch mehr entstehen lassen. Um dir zu beweisen, dass ich keinen Müll rede, musst du die Kühlbox öffnen. Du wirst merken, dass ich dir jeden Wunsch von den Lippen ablesen kann. Lassen wir es uns schmecken.

Dein Loverboy,
Kevin

Ehe Emelie aus ihrer Sprachlosigkeit in die Realität zurückfinden sollte, hatte ich mich bemüht, mit dem türkisen Tupper-Messer meine Pulsader aufzuschneiden. WIE PEINLICH WAR DIESER BRIEF BITTE? Nicht nur, dass Freddis Worte in dem Brief den Gipfel der Peinlichkeit erreichten, er legte in den Briefumschlag auch noch ein Kondom. In einer Sache war ich mir sicher: Sollte ich vor Scham nicht draufgehen, würde ich Freddi den Hals 58 Mal in beide Richtungen umdrehen.

Emelie starrte mich immer noch sprachlos mit offenem Mund an. Von der Neugier gepackt, öffnete sie die Kühlbox. Ihre Mundwinkel kamen immerhin einem Schmunzeln sehr nahe.

»Mettbrötchen mit Zwiebelringen, du bist ja ein richtiger Sternekoch.« Jetzt wurde es mir zu viel! Seinen besten Freund ein Date vorbereiten zu lassen, weil man sich selbst nicht traute, sollte wohl das peinlichste Geständnis werden. Egal! Ich gestand Emelie bis ins Detail, wie es zu dem Katastrophen-Date gekommen war.

»Kevin, du bist sooo ein Vollidiot, dass es irgendwie schon wieder süß ist.«

Langsam fand ein Lächeln den Weg zurück in mein Gesicht.

»Äääh m, ja. Spätestens als du bemerkt hast, dass dein Name falsch geschrieben ist, hättest du darauf kommen können, dass hier was faul war! Natürlich weiß ich, wie man deinen Namen schreibt. Mit Doppel-M und E am Ende.«

»Mit EINEM M.«

»Ich weiß, war ja nur Spaß«, sagte ich zu meiner Rettung, denn leider hatte ich bis zu diesem Zeitpunkt wirklich an diese Schreibweise geglaubt.

Mein Adrenalin schoss mit voller Geschwindigkeit zurück in meinen Körper, während wir Blickkontakt hielten und uns anlächelten. »Ich mache dir einen Vorschlag. Schreib mir einen schöneren Brief, den ich meiner Mama zeigen kann, damit sie weiß, dass es einen tollen Jungen gibt, der sich für mich interessiert. Danach haben wir offiziell ein Date. Versprochen.«

»DEAL! Dann würde ich sagen, ich fahre dich nach Hause und …wir sehen uns bald?«

Emelie nickte.

Als wir wieder bei meinem Roller waren, bemerkte ich den platten Hinterreifen. »Mannomann, heute ist aber auch mein Glückstag!«, ärgerte ich mich. Emelie und ich gingen zu Fuß zurück ins Dorf, während ich meinen Roller neben mir herschob.

Vier Jahre später beichtete Freddi mir, dass er ein kleines Loch in den Reifen gestochen hatte, damit ich auf dem Heimweg mehr Zeit mit Emelie verbringen konnte. Hätte ich das damals bloß geahnt.

Den Brief, den ich wie vereinbart an Emelie schrieb, möchte ich dir nicht vorenthalten:

Liebe Em(M)elie,

ehrlich gesagt, möchte ich gar nicht viel sagen oder schreiben. Viel lieber würde ich dir etwas zeigen. Ich kenne auf dem Berg einen Aussichtspunkt … Spaß beiseite. Du bist ein unglaublich tolles Mädchen, das ich nur zu gerne bekochen würde, zum Beispiel mit Zwiebel-Mettbrötchen … oder anderen Leckereien. Ich weiß,

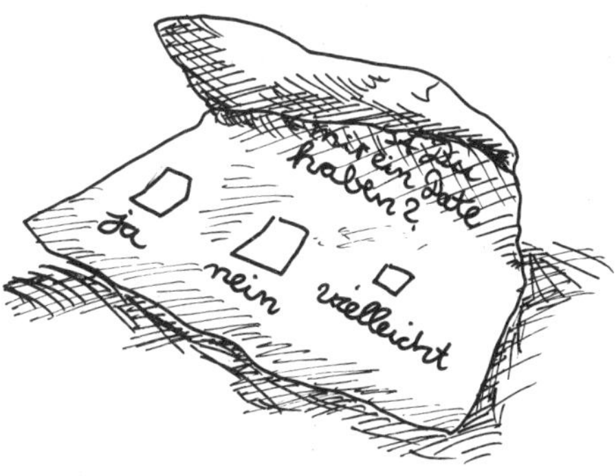

mittlerweile sind wir aus dem Alter raus, aber mit der Tatsache, dass ich den Brief eigentlich schon seit der 5. Klasse schreiben wollte, werde ich ihn beenden wie damals geplant.

Möchtest du mit mir ein Date haben? Kreuze bitte an:

JA ☐ nein ☐ vielleicht ☐

13. Das hier darf man eigentlich keinem erzählen

Ich erzähle dir jetzt mal etwas Trauriges. Wie schon erwähnt, wohne ich zurzeit in der Stadt. Ja, ich weiß, das ist schon traurig genug, aber das meinte ich nicht. Zusammen mit meinen Mitbewohnern hatte ich mich in Köln auf große Kneipentour begeben. Der Abend war lustig, mit reichlich Alkohol und dummen Sprüchen. Wie Dorfkinder sagen würden: ein normaler Wochentag. Als es schlussendlich hieß: »Genug für heute, auf geht's nach Hause«, stellte mir mein Mitbewohner Kalle eine Frage, mit der er sich schneller unsympathisch machte, als Usain Bolt die hundert Meter läuft: »Wie kommen wir eigentlich heim? Taxi oder Bahn?«

Mir blieb fast der letzte Schluck von meinem Wasser, also Kölsch, im Halse stecken! Stell dir den Blick einer Omma vor, die zum ersten Mal in ihrem Leben einen Porno sieht. Genau diesen Blick warf ich meinem Mitbewohner zu.

»Wie? Was? Wo? Taxi oder Bahn?!«, fragte ich völlig entsetzt. »Das sind maximal 30 Minuten zu Fuß!«

»Hallo?! Selbst wenn… Ich gehe doch jetzt keine 30 Minuten nach Hause. Das ist mir viel zu weit!«

Für uns Dorfkinder gibt es ein Grundgesetz. Jeder Heimweg, der kürzer ist als ein Drei-Tage-Marsch, wird gefälligst gelaufen! Zum einen, weil die Wartezeit auf das nächste Taxi länger dauern würde, als einem Mann zu erklären, dass er sich beim Pinkeln hinsetzen soll. Zum anderen, weil wir Dorfkinder beim Anblick der Runde nicht nur abchecken würden, wer am Start wäre, sondern genau wüssten: »Jawoll! Dieser Heimweg könnte legendär werden!« Taxi oder Bahn? Allein für diese Frage hätte er eine Schelle verdient.

Während meine Mitbewohner auf die nächste Bahn warteten, machte ich mich zu Fuß auf den Heimweg. Aus Prinzip. Beim Kiosk noch schnell zwei Wegbier klargemacht, und los ging's. Unterwegs spielten sich in meinem Kopf alle möglichen Szenarien ab, wie ich auf meinen Mitbewohner reagieren würde, sobald ich zu Hause ankäme. Sollte ich seine Hand in einen Eimer mit lauwarmem Wasser legen, damit er im Schlaf sein Bett vollpinkelt? Sollte ich blind eine Hand voller Chinaböller in sein Zimmer werfen? Oder sollte ich die Mütter-Strategie anwenden?

Wenn Mütter uns bestrafen wollen, dann tun sie es verbal. Wenn du jetzt nickst und dir denkst: »Japp, meine Mütter beleidigt mich auch immer«, dann tut es mir echt leid. Ich meinte vielmehr folgenden Satz: »Ich bin nicht sauer auf dich, ich bin enttäuscht.« Diese Worte sind echt gemein. Im ersten Teil lässt deine Mutter dich glauben, alles wäre wieder gut. So wie eine offene Wunde, die den Heilungsprozess fast geschafft hat. Und dann – »bääääm« – haut deine Mutter eine ordentliche Portion Salz in die Wunde. Kurz vor der Haustür lallte ich vor mich hin: »Ach komm, ich steh' drüber. Alles andere wäre kindisch.«

In der WG angekommen, hatte ich mich allerdings doch für die erste Variante entschieden. Als ich gerade den Eimer aus der Abstellkammer holen wollte, bemerkte ich, dass der Eimer mit abgestandenem kaltem Wasser gefüllt war. Darin schwamm ein schmutziger mit Staubklumpen bedeckter Lappen. Wer macht denn so was??? Und um ehrlich zu sein, wäre Kalles Hand in dieser ekelhaften Brühe die viel härtere Strafe gewesen.

Zugegeben, ich hatte mich aber schon wie ein schadenfrohes Kind über die Pisse in Kalles Bett gefreut. Okay, das könnte man auch falsch verstehen. Aber ich glaube, du weißt, was ich meine. Ich leerte also den Eimer und füllte ihn mit lauwarmem Wasser. Wie eine Mutter, die sich um ihr kränkelndes Kind sorgt, saß ich über eine halbe Stunde an Kalles Bett. Na toll. Er wollte einfach nicht pinkeln. Was nun? Sollte ich ihm in sein Bett pinkeln? Okay, das wäre zu krass, ein bisschen Anstand hatte ich ja schließlich noch. Ich ging in die Küche, öffnete ein Radler und schüttete es in sein Bett.

Ich wusste, dass ich niemals eine Anspielung wagen dürfte, um nicht aufzufallen. Und genau das war mein einziges Problem. Ich wartete am nächsten Tag gespannt auf seine Reaktion. Seine Reaktion, die nie kam. Ich versuchte mich selbst zu trösten, indem ich mir erklärte: Wenn ich vermuten würde, dass mir jemand ein Getränk ins Bett geschüttet hat, während ich geschlafen habe, dann hätte das definitiv Aufklärungsbedarf! Außer ich wäre mir unsicher, ob der Fleck nicht doch von mir stammen könnte. Dieses Risiko geht niemand ein. Wer würde schon seinen Mitbewohner darauf ansprechen wollen, wenn die Gefahr bestünde, dass der schlimmste Fall sich im Endeffekt als wahr erweist und man in der Geschichte der WG als Bettpinkler getauft wird.

Hast du auch noch diesen einen Heimweg in Erinnerung? Diesen einen Heimweg, bei dem du zusammen mit deinen Freunden beschlossen hattest: »Hiervon darf keiner erfahren.« Es ist ein offenes Geheimnis, was auf einem Heimweg passieren kann. Straßenlaternen werden ausgetreten, Baustellenschilder als Zimmerdekoration mitgenommen, und sollte sich auf der Baustelle ein Dixihäuschen befinden, würde man dieses umschubsen.

Dieser eine Heimweg, den ich niemals vergessen werde, war an Karneval beziehungsweise an Fasching, wie manch anderer es nennt. Im Nachbardorf war der alljährliche Rosenmontagsumzug. Nichts Großes, wenn man bedenkt, dass der komplette Umzug nach knapp zehn Minuten vorbei war, obwohl er drei Mal im Kreis fuhr.

Im Anschluss war damals die Disco Night im Bürgerhaus, da sich in dem Kaff nicht mal eine Festhalle befand. Egal. Sicher wirst du mir recht geben, wenn ich behaupte, dass es überall lustig ist, solange man mit den richtigen Leuten unterwegs ist. Dies traf zumindest bei mir immer zu.

Ulle, der extra aus der Stadt kam, Skittle, ich und, last but not least, der tasmanische Partyteufel, die lebende Promille, der selbst ernannte König des Korns: Freddi. Kennst du so Typen, die sich ihren eigenen Spitznamen geben? In der Regel kann man die nie wirklich für voll nehmen, aber wenn es den König des Korns geben sollte, dann würde an Freddi kein Weg vorbeiführen. Ein erwachsener Mensch besteht zu circa 70 Prozent aus Wasser. Nicht Freddi. Für uns alle ist »Corny« ein Schokoriegel. Nicht für Freddi. Für ihn ist ein »Corny« ein kleiner Schluck Korn, auf dem man kaute. Wenn Freddi Popcorn aß, dann war das auch im wahrsten Sinne des Wortes Popcorn, da er alle aufgepoppten Körner in einer Schüssel mit Korn badete. Jetzt darfst du dir selbst ausmalen, wie seine Interpretation aussah, wenn es beim Frühstück Körnerbrötchen gab …

Bro, was geht?

Freddi:

Alles, was Beine hat.

Merke schon, hast du wieder einen Clown gefrühstückt?

Freddi:

Nein Korn-Flakes.

Die heißen Cornflakes.

Freddi:

Nein, ich meinte Korn mit Flakes.

?????

Freddi:

!!!!!

Du hast Korn statt Milch benutzt?

Freddi:

Ja, Mann, bin richtig voll!

Voll zu viel gegessen voll oder voll voll?

Freddi:

Voll voll.

Diggaaaaaa, du spinnst komplett! Schlaf deinen Rausch aus.

3 Stunden später:

Freddi:

Danke für deinen Tipp. Habe meinen Job verloren.

??????????????? Hast du deinem Chef nicht Bescheid gesagt, dass du später kommst?

Freddi:

Nee, war ja schon auf der Arbeit.

Zurück zu Rosenmontag. Eines kann ich dir sagen, wenn die Jungs wüssten, dass ich jetzt hier in meinem Buch diesen Tag schriftlich festhalte, würden die mir erst die Höchststrafe anhängen (Waterboarding mit Wurstwasser), und dann würden sie JEDES Exemplar meines Buches selbst kaufen, damit bloß niemand von diesem Tag erfährt. Vielleicht wäre das sogar eine gute Strategie, sollte sich das Buch überhaupt nicht verkaufen. Na ja. Wobei ich mir eigentlich zu 99,99 Prozent sicher bin, dass meine Jungs davon niemals Wind bekommen werden. Sie lieben mich, ja! Aber sie würden niemals ein Buch lesen. Vielleicht ein Bilderbuch, aber keins mit Wörtern.

Leider bin ich gezwungen, dir folgende Geschichte zu erzählen. Wir alle haben doch diese eine Geschichte, von der wir der Meinung sind: »Die ist bühnenreif!« Das hier ist meine:

Bei Mädels starten Tage wie Rosenmontag üblicherweise mit einem gemütlichen Sektfrühstück. Unser Frühstück dagegen nannten wir Vodkabüfett. Du weißt, wie es am Büfett abläuft. Man isst so viel, wie man kann, bis wirklich nichts mehr geht. Bis der Magen fast platzt, obwohl der Darm kurz vorher noch geleert wurde.

So oder so ähnlich sieht es auch bei unserem Vodkabüffet aus. Jetzt durfte der Tag beginnen. An Karneval durfte ein Kostüm natürlich nicht fehlen. Es gibt so viele coole Gruppenkostüme für vier Jungs, wie zum Beispiel die Blues Brothers, Ninja Turtles oder Panzerknacker. Meine Jungs und ich hatten befürchtet, dass wir nicht die einzige Gruppe in einem dieser Kostüme wären. Dieses Risiko gingen wir nicht ein. Und außerdem wäre dies sowieso viel zu normal für so einen bescheuerten Haufen wie uns. Eine Schnapsidee – und mit Schnapsidee meine ich wirklich Schnapsidee – verhalf uns letztendlich zu dem auffälligsten Gruppenkostüm, denn unser Motto lautete Toilette! Und so kam es, dass Lommo sich als eine Rolle Toilettenpapier verkleidete. Ulle ging als Klobürste. Freddi war die glänzende Porzellanschüssel samt Klobrille. Er war unser Motto. Er war unsere über alles geliebte Toilette. Aber welche Rolle übernahm ich?

Ich erwies unserer Gruppe alle Ehre. Ohne mich findet Lommo kaum Gebrauch, ohne mich wäre Ulle fast sinnlos, und ohne mich würde Freddi vielleicht die Existenzberechtigung fehlen. Richtig, ich war ein Kackhaufen. Unter meinem Kostüm war es mächtig heiß. Ich war so sehr am Schwitzen, dass Freddi die gesamte Runde mit einem Running Gag belustigte: »Haha, Kev, wenn du am Schwitzen bist, siehst du aus wie Dünnpfiff!«

Im Gegenzug hatte ich dreimal versucht, Freddi als reale Toilette zu nutzen. Apropos Toilette, Freddi stellte sich in einen Vorgarten auf der anderen Straßenseite und pinkelte auf die Blumen. Wir beide wissen, wie Ommas reagieren, wenn sie so etwas sehen. »Ey, hör mal! Ich komm dir gleich da runter! Was fällt dir eigentlich ein?«, schimpfte eine wütende Omma vom oberen Balkon. Freddi blieb ganz cool, zog seinen Reißverschluss hoch und lallte, so laut er konnte: »Wofür heißt es sonst Rosenmontag, wenn man nicht mal in die Rosen pinkeln kann?«

Wir standen an der Theke. Und um das Ganze ein bisschen amüsanter zu machen, einigten wir uns auf ein Trinkspiel. Niemand weiß, ob dieses Spiel einen bestimmten Namen hat, aber die einzig bestehende Regel in diesem Spiel kennt jeder. Auch du. Um es simpel zu halten: Nenne keinen deiner Freunde beim Namen, sonst ist eine Schnapsrunde fällig. Mit steigendem Pegel stieg auch der Schwierigkeitsgrad.

»Freddi, ich geh' pinkeln. Pass mal bitte auf mein Glas auf.«

»DU hast meinen Namen gesagt. Schnapsrunde!«

»Alter Freddi! Ich …«

»Schon wieder!«

»Junge, du Hund! Lommo, hau dem mal eine rein!«

»Geil, Kev, schon wieder!«

»Du jetzt aber auch, Lommo!«

Und so bestellten wir innerhalb von zehn Sekunden fünf Schnapsrunden. Nach einer kurzen Weile beanspruchte das Spiel unsere Kondition enorm, da das Tempo der

Schnapsrunden immer mehr zunahm. Aufhören war keine Option. Ein altes Dorfgesetz besagt: »Schnapsrunden sind Ehrenrunden.« Was folglich bedeutet: Im schlimmsten Fall die Nase zuhalten und runter damit.

Zwischendurch kamen von Freddi sehr motivierende Beiträge, wie zum Beispiel: »Ach komm, fürs Team! Lommo! Lommo! Lommo! Lommo! Lommo! Lommo! Lommo! Lommo! Lommo! Lommo! Lommo! Lommo! Lommo! PROST!«

Nachts um halb zwei standen nur noch meine Jungs und ich an der Bar. Klingt erst mal früh, aber wenn man bedenkt, dass wir schon 14 Stunden zuvor mit unserem Vodkabüfett in den Tag gestartet waren, war die Leistung ganz zufriedenstellend. Unser Durchhaltevermögen präsentierten wir mit Stolz auch nach außen hin. »Geh mal Bier hoool'n, du wirst schon wieder hässlich! Zwei, drei Bier, und du bist wieder schööön!«, grölten wir uns mit bester Laune an.

Ein paar Minuten später verließen wir die Bar und machten uns auf den Weg nach Hause. Ich weiß … ab 0,5 Promille darf man kein Auto fahren, aber wo genau liegt die Promillegrenze, wenn es heißt: »Gehen darfst du auch nicht mehr«?

Hast du schon mal eine Straßenlaterne ausgetreten? Wer sein Vorhaben mit Erfolg abschließen möchte, tritt am besten so fest wie möglich mit der Sohle gegen die Laterne. Ich weiß nicht, was mich dazu geritten hatte, der Laterne mit vollem Anlauf einen Tritt mit meinem Spann zu verpassen.

Meine Jungs lagen mit mir zusammen am Boden, allerdings war bei denen ein plötzlicher Lachanfall der Grund – bei mir dagegen… na ja, du weißt schon. Erst am nächsten Tag merkte ich, dass mein Fuß gebrochen war. Ich bin also nachts die kompletten fünf Kilometer mit gebrochenem Fuß heimspaziert, ohne irgendeinen Schmerz zu spüren. Fünf Kilometer kamen jedoch dadurch zustande, weil ich mich nicht in gerader Richtung fortbewegte, sondern die gesamte Breite der Straße nutzte.

Als wir im nächsten Dorf ankamen, traute Freddi seinen Augen nicht: »Jungs, die Bäckerei hat schon geöffnet! Rein da!«

Besoffen zum Bäcker zu gehen ist für Dorfkinder der Klassiker. Die Tür klingelte, als wir sie öffneten. »Kleinen Moment bitte, ich bin in zwei Minuten da!«, hörte man jemanden aus der Backstube rufen, von welcher man keine Sicht zur Theke hatte.

»Zwei Minuten reichen mir, Jungs!«, flüsterte Freddi, während er hinter die Theke ging, um sich selbst zu bedienen. Er öffnete den Kühlschrank, in dem eine riesengroße Torte stand. Vor der mächtigen Sahnetorte war ein weißer Zettel mit roter Schrift aufzufinden: Reserviert! Ehe jemand von uns etwas sagen konnte, nahm Freddi die Torte in beide Hände, biss frontal rein und stellte sie umgedreht wieder zurück in den Kühlschrank. »Jungs, die ist verdammt gut! Die müsst ihr probieren«, schmatzte Freddi mit vollem Mund. Im nächsten Augenblick hörte Freddi Schritte aus der Backstube und sprang wie ein Athlet dynamisch über die Theke. Wir kauften uns ein paar Schokocroissants und verließen die Bäckerei.

Freddi sah etwas, was er nicht hätte sehen sollen! Beim Verlassen der Bäckerei fiel sein Blick sofort auf das offen stehende und zugleich unbewachte Bäckerauto. Zielstrebig wie ein Meisterdieb sprintete er zum Bäckerauto und kam ein paar Sekunden später mit einer Bütte voller Brötchen wieder. Wir liefen bis zur nächsten Kurve und blieben stehen. Mit weit geöffneten Augen, fast sabbernd, starrte ich in die Bütte voller Brötchen, während ich gleichzeitig das Gespräch mit Freddi suchte: »Digga, wie krass bist du denn? Das sind bestimmt 200 Brötchen! Was wollen wir damit?« – »Kein Plan, essen und bei Ebay verkaufen?«, antwortete Freddi schulterzuckend.

Ich dachte bis zu diesem Zeitpunkt, Freddi sei der Asi des Tages. Doch den Titel bekam kurz darauf Ulle. Er warf eine ordentlich Portion Brötchen auf Fenster mit geschlossenen Rollos. »Kommt, macht mit! Ein Treffer gibt fünf Punkte! Wenn jemand wach wird gibt's zehn Punkte extra!« Ulle hatte den Satz noch nicht beendet, da schmiss Freddi die Brötchen, als sei sein Arm ein Maschinengewehr.

Hey, wir befinden uns im Dorf. Nichts sollte unbemerkt bleiben. #dorfomma.

Der Bäcker kam mit einer so rasanten Geschwindigkeit um die Ecke gerannt, dass wir vermuteten, die Dorfomma hätte ihm telefonisch über unseren Aufenthaltsort Bescheid gegeben. Wir erschraken so sehr, dass wir schreiend wegliefen. Freddi schmiss noch schnell zwei Brötchen in Richtung Bäcker, hob die Bütte hoch und sprintete los. Weit kam er allerdings nicht mit der Bütte, denn er stolperte und fiel hin. Alle Brötchen lagen auf der Straße verteilt. Ich half ihm wieder auf die Beine, und wir liefen so schnell wir konnten in die dunklen Weinberge. Dort waren wir sicher. Niemand würde uns finden.

Wir wanderten abseits der Straße weiter, nur für den Fall, dass die Polizei auftauchen sollte. Kurz vor unserem Ziel kamen wir noch am Haus unserer ehemaligen Grundschullehrerin, Frau Hockland, vorbei.

»Ey, Jungs, hier wohnt doch Frau Hockland! Lasst uns einen Haufen vor die Tür setzen!«, sagte ich aus Spaß. Dabei hätte ich wissen müssen, wie schnell man Freddi mit dummen Ideen begeistern konnte.

»Ja! Digga, wie lustig wäre das bitte, wenn du im Kackhaufen-Kostüm einen Haufen vor ihre Tür setzt?!«

»Freddi, das war ein Scherz!«

»Ja, aber überleg doch mal, wie viel Leid sie uns in der Grundschulzeit angetan hat. Das waren sieben Jahre, die uns keiner mehr zurückgeben kann! Das ist unsere Chance, ihr ein kleines Andenken zu hinterlassen!«

Was du vielleicht über mich wissen solltest: Meine eigene Faustregel besagt, ich bin für jeden Scheiß zu haben. Die Bedingung ist nur, dass ich niemanden verletze oder mobbe. Ehrlich gesagt, hatte mich die blaue Haustür von Frau Hockland, die so ähnlich aussah wie ein Dixi-Häuschen, schon bisschen gereizt.

»Kev, stell dir einfach vor, du bist nicht als Kackhaufen verkleidet, sondern als Kacki – das Pokémon! Deine gefährlichste Waffe ist dein Kackhaufen. Du vernichtest deine Gegner mit dem Geruch.« Freddis Phantasie reichte, um mir das Ganze durch den Kopf gehen zu lassen, aber ich lehnte ab: »Sorry, einen Kackhaufen vor die Tür zu legen ist zu asozial. Egal, wie voll ich bin, so was mache ich nicht.«

»Dann zieh' ich es durch!«

Freddi wirkte mal wieder fest entschlossen, ließ sich nicht davon abhalten und freute sich auf den Schiss seines Lebens.

»Freddi, Junge, lass es! Das ist zu krass!«

Er lächelte mich nur an. Während er langsam seine Hose öffnete, hatte ich die Chance genutzt, um einen Haufen Ärger zu vermeiden und bei Frau Hockland sturmgeklingelt. Wir sprinteten die Straße entlang mit der ganzen Energie, die unsere betrunkenen Körper noch hergaben. Völlig außer Puste keuchte Freddi: »Du Sack, ich hätte es durchgezogen!«

»Ich weiß… genau davor hatte ich ja Schiss«, gab ich offen und ehrlich zu und zeigte mit beiden Händen auf mein Kostüm, als ich das Wort Schiss aussprach.

Es fehlte nicht mehr viel, bis wir zu Hause ankommen sollten. Allerdings stand noch unser größter Coup auf dem Programm. Unsere Idee hatte einen handwerklichen Hauch: Wir planten, alle Straßen- und Ortsschilder abzumontieren. Wie kleine, aufgedrehte Kinder erfreuten wir uns an der Vorstellung, dass der Postbote seinen Job am nächsten Tag verfluchen würde. Wir zeigten vollen Einsatz. Um den Vorgang zu beschleunigen, besorgte Lommo noch schnell das nötige Werkzeug. Wir montierten so lange die Straßenschilder ab, bis die Vögel zwitscherten und es hell wurde.

Zwei Tage später berichtete sogar die Zeitung über unsere Tat. Die Überschrift des Artikels war einmalig: »Diebstahl und Sachbeschädigung. Unbekannter im Toiletten-Kostüm und drei weitere Anhänger gesucht.«

Wir waren uns sicher, dass es nur wenige Stunden dauern würde, bis jemand unsere Namen bei der Polizei meldete. Meine Mutter las den Artikel laut vor, während ich auf der Couch lag. Sie schaute mich mit einem ungewollten Schmunzeln an: »Schade, dass es kein Kopfgeld auf euch gibt.«

Bei jedem Klingeln an unserer Haustür verabschiedete ich mich schon von meiner Mutter: »Okay, JETZT ist es aber bestimmt die Polizei, bitte sei so gut und bezahl die Kaution!« Fehlalarm! Kein Polizist hat je bei uns geklingelt. Zumindest nicht wegen dieser Aktion.

Ein paar Tage nach dem Vorfall wurde ich auf der Straße von einem Autofahrer angesprochen, als ich gerade auf dem Weg zu Lommo war: »Entschuldigung, könnten Sie mir vielleicht verraten, wo ich die Eichergasse finde?«

Mit einem verschmitzten Lächeln antwortete ich: »Ja klar, in meinem Zimmer!«, und ging weiter.

14. Pünktlich zu spät

Sicherlich hast du schon mal den Spruch gehört: »Fünf Minuten vor der Zeit ist des Deutschen Pünktlichkeit.« Ich persönlich finde es komisch, dass Pünktlichkeit typisch deutsch sein soll. Pünktlichkeit sei eine deutsche Tugend, höre ich manchmal von älteren Leuten. Ich habe viele deutsche Freunde, aber keiner von denen ist so wirklich pünktlich!

Vielleicht liegt das auch daran, dass Dorfkinder in ihrer Erziehung nie das Kapitel Uhrzeiten von ihren Eltern beigebracht bekamen. Pünktlichkeit hieß bei uns: »Komm bitte nach Hause, wenn es dunkel wird.« Immer wenn ich gefragt wurde, wie spät es denn sei, schaute ich nach oben in den Himmel und vertraute auf mein Gefühl. Intuitiv sagte ich dann so was wie: »Circa halb vier.«

Aber im Laufe der Jahre hatte ich festgestellt, dass Pünktlichkeit bei den Dorfkindern generell nicht unbedingt an erster Stelle steht. In jedem Dorf gibt es folgende Faustregel: »Es kommt immer derjenige am spätesten, der am nächsten zum Treffpunkt wohnt.« »Sorry, aber ich konnte einfach nicht früher weg!«, heißt es dann immer. Bei mir musste sich keiner dafür entschuldigen. Schließlich war ich nicht anders.

Mein Zeitmanagement ließ schon damals zu wünschen übrig. Trotzdem war zum Beispiel der Ablauf morgens immer der gleiche: Mein Wecker klingelte jeden Morgen um 6.30 Uhr. Vielleicht gibt es ja Menschen, die sofort aufstehen, sich seelenruhig fertig machen, ihre Schultasche packen und ganz entspannt um 7.10 Uhr das Haus verlassen, um den Bus um 7.23 Uhr völlig stressfrei zu bekommen. Vielleicht gibt es die. Ich bin jedenfalls keiner davon. Sobald mich mein Wecker also um 6.30 Uhr aus dem Schlaf riss, drückte ich mit verschlossenen Augen die Snooze-Taste und drehte mich um.

An dieser Stelle möchte ich kurz die Gelegenheit nutzen, um allen Jungs und Mädels, die damals von ihrer Mutter geweckt wurden, mein Beileid auszusprechen. Das Problem war, eine Mutter hatte keinen Snooze-Modus. Schließlich konnte man ihr nicht einfach auf die Nase boxen und sagen: Komm in fünf Minuten wieder. Ich habe es versucht. Aber so funktioniert das leider nicht. Wobei dies ja auch immer seine Vorteile hatte, weil Verlass darauf war, rechtzeitig aus dem Bett zu kommen. Bei mir gab es nie den Falls-du-jetzt-aufstehen-solltest-passt-alles-perfekt-Moment. Ich war eher der Typ, der auf die Uhr schaute und sich dachte: Zeit… Zeit… Zeit… Zeit… Zeit… Zeit… Zeit… Zeit… Was? Schon so spät?!

Ich würde niemals unterschreiben, dass ein Tag wirklich 24 Stunden hat. Die Zeit zwischen 6 Uhr und 9 Uhr vergeht definitiv schneller als die restlichen Stunden des Tages. Zumindest hoffe ich ganz stark, dass diese Stunden schneller vergehen. Sollte ich mich täuschen, dann hätte ich es tatsächlich vollbracht, mit meinem Handy drei Stunden auf der Toilette zu sitzen.

Leider muss ich zugeben, dass ich in meinem Freundeskreis bezüglich des Zeitmanagements mit Abstand der Schlimmste war. Wenn wir uns um 18 Uhr verabredeten, kam in neun von zehn Fällen um 18:15 Uhr der Anruf:

»Kev, wo bleibst du?«

»Ja sorry, Bro! Ich bin gleich da!« oder »Ja sorry, Bro! Bin schon auf dem Weg!«

»Ich bin gleich da« bedeutete so viel wie: Ich muss noch duschen und war viel zu spät dran. »Ich bin auf dem Weg« hieß: Ich habe soeben die Dusche verlassen, muss mich nur noch umziehen und fahre dann los. Ich habe es sogar mal geschafft, zu spät zum Treffpunkt zu kommen, obwohl wir uns bei mir zu Hause trafen. Das hat mir bis heute noch keiner nachgemacht.

In der Schule hatte ich allerdings auf Pünktlichkeit größten Wert gelegt. Damit meine ich nicht, pünktlich morgens um 8 Uhr in der Klasse zu sitzen, sondern auf die Minute genau die Klasse zu verlassen, wenn der Unterricht zu Ende war. Als ich eines Morgens 90 Minuten nach Schulbeginn ganz gemütlich mit meinem hellgrünen Game Boy Color in der Hand die Klasse betrat und mich einzig und allein auf die blaue Pokémon Edition konzentrierte, riss Frau Kortsch komplett der Geduldsfaden: »Keeeeeevin! Jetzt reicht es mir mit dir! Du bist schon wieder zu spät!« Ich hingegen blieb entspannt: »Also Frau Kortsch, dass Sie mich jetzt hier so anschreien, finde ich völlig unangebracht. Haben Sie mich je schreien hören, wenn Sie mal zu spät zum Unterricht kamen? Ich glaube nicht.«

Während die Klasse lachte, merkte ich ihr an, dass sie nicht mit dieser Gegenfrage gerechnet hatte. Und was macht jeder Lehrer, der langsam seinen Autoritätsverlust kommen sieht? Richtig, er wird einfach noch lauter, als er ohnehin schon war.

»Hast du mal auf die Uhr geguckt? Um acht Uhr war Unterrichtsbeginn. Jetzt ist es schon halb zehn! Was sagt dir das, Kevin?«, fragte Frau Kortsch mit verschränkten Armen. Meine Antwort lag mir auf der Zunge. Sollte ich es wirklich sagen, überlegte ich für einen kurzen Moment. Denn ich wusste, danach wäre Polen offen gewesen. Vor lauter Wut würde so viel Blut in ihren Kopf schießen, dass dieser platzen würde, als hätte ich ihr bei GTA5 einen Kopfschuss verpasst. Was zugegeben ein brutaler, aber auch lustiger Gedanke war. Aber meine größte Angst war doch die aller Schüler: ein Anruf bei Mama. Was sollte ich also sagen?

Ich verstelle mich für niemanden, dachte ich und nahm die Konsequenzen in Kauf. Ich konnte also nicht anders.

Erneut hatte ich die dämlichen Worte meiner Lehrerin im Ohr: »Hast du mal auf die Uhr geguckt? Um acht Uhr war Unterrichtsbeginn. Jetzt ist es schon halb zehn! Was sagt dir das, Kevin?« Ich griff in meine Jackentasche, hob anschließend meine linke Hand sichtbar für die ganze Klasse und antwortete sachlich: »Halb zehn? Ja klar! Zeit für ein Knoppers!«

Frau Kortschs neue Gesichtsfarbe hatte ich bislang nur in meinem Wasserfarbkasten gesehen. Vor lauter Wut wurde sie knallrot. Durch ihren komisch geformten Körper sah sie aus wie eine englische Telefonzelle. Das Bild verschwand einfach nicht aus meinem Kopf. Ich war fast ein wenig verblüfft darüber, dass mich eine Telefonzelle gerade anschrie: »AUS, AUS, DAS SPIEL IST AUS!«

Hätte der Satz »Deutschland ist Weltmeister« nicht gefehlt, man hätte Frau Kortsch und den Radiomoderator von Bern bei der Weltmeisterschaft 1954 verwechseln können.

Noch am selben Tag wurde meine Mutter gebeten, um 13.30 Uhr für ein Elterngespräch vorbeizukommen. Meine Mutter kam meisterlich zu spät. Als Frau Kortsch sie um 13.37 Uhr anrief und fragte, wo sie denn bliebe, antwortete meine Mutter nur kurz und knapp: »Hallo Frau Kortsch, ich bin gleich da!« Gegen 14.30 Uhr kam sie schließlich in der Schule an.

»Liebe Frau Ray, wissen Sie eigentlich, wie spät es ist?«, fragte Frau Kortsch mit einem falschen Grinsen und einem Hauch von Sarkasmus in der Stimme. Meine Mutter schaute lässig hoch in den Himmel. »Äääh m, so wie die Wolken stehen, irgendwas zwischen eins und sechs.«

Was war das bitte für eine geniale Zeitangabe? Ich fand die Antwort so genial, dass ich sie in meinem Kopf abspeicherte, um sie bei der nächsten Gelegenheit auszupacken. Hierfür hätte sich zum Beispiel der Moment angeboten, in dem meine Mutter mich nach meiner Klassenarbeit fragen würde: »Und? Welches Gefühl hast du?« Ich könnte sie mit ihren eigenen Waffen schlagen, lässig in dem Himmel schauen und sagen: »Äääh m, so wie die Wolken stehen, irgendwas zwischen eins und sechs.«

Frau Kortsch klärte meine Mutter über meine Verspätung und mein freches Verhalten ihr gegenüber auf.

Sie nahm ihre Rolle als Pädagogin ein bisschen zu ernst: »Ich glaube, Sie müssen Ihrem Sohn mal beibringen, was Pünktlichkeit bedeutet!«

»Moment mal, Frau Kortsch! Nicht, dass Sie an meiner guten Erziehung zweifeln.« Meine Mutter drehte sich zu mir und fuhr fort: »Kevin, was habe ich dir zum Thema Pünktlichkeit gesagt? Pünktlichkeit ist die Kunst, richtig abzuschätzen, in welchem Ausmaß sich der andere verspäten wird!«

Ich habe mein Bestes gegeben, mich zusammenzureißen. Aber als ich in Frau Kortschs Gesicht blickte, überkam mich ein Lachanfall. »Sehen Sie, was ich meine, Frau Ray?«, tobte sie hinter ihrem Lehrerpult. »Ihr Sohn zeigt weder Respekt noch Reue!«

»Frau Kortsch!«, sagte ich und widersprach ihr aufgeblasen: »Doch, tue ich. Aber was ist Reue? Reue ist Verstand, der zu spät kommt…«

15. Erwachsenes Kind

Vor etwa zehn Jahren dachte ich mir: Krass Kevin, in zehn Jahren bist du einfach mal erwachsen und stehst wahrscheinlich mitten im Leben, hast einen geregelten Job, ein Haus, eine Familie und so weiter. Die zehn Jahre sind um, und die Wahrheit ist: Zusammen mit meinen Freunden spiele ich immer noch Klingelstreiche. Wir können also festhalten, ich bin noch genau derselbe Kindskopf wie vor zehn Jahren, nur ohne Taschengeld.

Schon witzig, dass ich mit 17 Jahren dachte, ich könne in zehn Jahren eine Familie ernähren. Zurzeit bin ich so arm, dass ich vor Kurzem unseren Pfarrer gefragt habe, ob ich wieder zur Kommunion kommen könne. Ich konnte mir nicht mal mehr die Miete meiner alten Wohnung leisten, obwohl die nur 'n Appel und 'n Ei kostete. Also damit meine ich wirklich, ein Apfel und ein Ei waren die Miete. Damals bin ich jeden Sonntagmorgen in die Kirche gegangen, nur um die Hostie (Oblate) mit nach Hause zu nehmen und am nächsten Morgen frühstücken zu können. In der Warteschlange auf die Hostie hatte ich mich nicht nur einmal angestellt.

In der Stadt kein Geld zu haben fällt nicht so wirklich auf, da der Großteil sowieso über zu hohe Mieten und zu wenig Lohn klagt. Zu Recht, nebenbei bemerkt. Mir kommt es bis zum Halse hoch, wenn ich höre, wie unterbezahlt zum Beispiel Berufe im sozialen Bereich sind oder dass Frauen im selben Job weniger verdienen als Männer. So viel zu meiner Meinung. Na ja. Wie schon gesagt, es fällt nicht wirklich auf, wenn du pleite bist und in der Stadt lebst.

Wenn du aber pleite bist und im Dorf lebst, erfährt jeder davon.

Im Grunde genommen, läuft es folgendermaßen ab, zumindest war es bei mir so: Es begann im Tante-Emma-Laden. Sobald ich mir eine Kleinigkeit gekauft hatte und mit 20-Cent-Stücken oder kleiner bezahlt hatte, hatte die Verkäuferin schon das Telefon in der Hand, ehe ich den Laden verlassen konnte, um ihre gesamte Telefonliste zu informieren: »Ich glaube, dieser Kevin Ray ist pleite.« Eine schlechtere Informationsquelle gibt es nicht. Man könnte meinen, es sei dieselbe Informationsquelle wie bei der BILD-Zeitung.

Als ich mir aber mal eine Dose Ravioli kaufte und diese mit einem Einhundert-Euro-Schein bezahlte, mit der kurzen Bemerkung: »Sorry, ich habe es gerade einfach nicht kleiner«, wählte die Frau hinter dem Tresen mal wieder alle aufgelisteten Telefonnummern, um gemeinsam zu spekulieren: »Wo arbeitet dieser Kevin Ray denn eigentlich? Wo auch immer er das

Geld her hat, legal ist das bestimmt nicht. Hat er geerbt?«

Sofern sie schlussendlich keine genaue Erklärung bekam, meldete sie sich noch mal zu Wort und rundete das Gespräch mit einem kleinen Gerücht ab, zumindest war auch dies bei mir so: »Ich glaube mal gehört zu haben, dass der Junge anschaffen geht.«

Aber ist es im Dorf nicht immer so? Ich würde meine Hand dafür ins Feuer legen, dass die Frau vom Tante-Emma-Laden noch nie gehört hatte, ich würde anschaffen gehen. Dieses Gerücht setzte sie nur in die Welt, um auf Nummer sicher zu gehen. Denn wenn sie im schlimmsten Fall darauf angesprochen werden sollte, könnte sie ja immer noch behaupten, es mal gehört zu haben.

Im Dorf wird sozusagen durchgehend das Spiel Stille Post gespielt, nur dass am Ende niemals die richtige Antwort ausgesprochen wird.

Meine Mutter gab schon immer gerne weise Worte von sich. Sie sagte: »Die meisten Einwohner in Dörfern sind Köche, denn ihr Arbeitsplatz ist die Gerüchteküche.« Ob es letztendlich weise oder lustig sein sollte, sei dahingestellt. Am häufigsten wurden dem Kessel die Zutaten Neugierde, Neid und Langeweile hinzugefügt. Aber in meinen Augen fehlte noch eine entscheidende Zutat: heißes Wasser. Ich konnte es kaum erwarten, die Gerüchteküche zum Brodeln zu bringen.

Eines Morgens sprach mich beim Bäcker eine ältere Dame aus der Nachbarschaft an: »Ohh haaiiiii, lang nimmi gesohn, groß bast ginn!« (Oh hier, lange nicht mehr gesehen, du bist aber groß geworden!)

»Ahjo, Frau Reitmann, man wird nicht jünger, wa?«, sagte ich mit derselben Ausstrahlung eines 70-Jährigen.

»Da sääste woat! Bast dau noch in da Schul? Oder bast dau feedisch?« (Da sagst du was! Bist du noch in der Schule? Oder bist du fertig?)

»Ich gehe noch zur Schule, in drei Monaten bin ich dann aber fertig!«, sagte ich so erfreut, dass man entweder denken könnte, ich sei glücklich über meinen bevorstehenden Notendurchschnitt von 1,0, oder ich sei einfach nur glücklich darüber, zu wissen, dass die Schulzeit auch mit einer ehrenvollen 4,0 bald ein Ende hat.

»Un? Wäist schon wat dau noach da Schul mischst?« (Und? Weißt du schon was du nach der Schule machst?)

Jetzt wusste ich, was ich zu sagen hatte. Diese Konversation konnte ich mir einfach nicht verkneifen.

»Sicher!«, sagte ich, zunächst entschlossen. Danach zögerte ich noch einen kurzen Moment und spielte ihr vor, Zweifel daran zu haben, ob es richtig sei, ihr dies zu sagen.

»Aber bitte behalten Sie es für sich«, flüsterte ich und schaute mich auffällig um.

Richtig, das Ganze war ein zusätzlicher Ansporn für sie, meine folgenden Worte überall weiterzuerzählen. Ich kannte ihre Art, mit Geheimnissen umzugehen.

»Ich habe mich bei einer Agentur angemeldet, die mich vermittelt. Und zwar an reiche Frauen, die auf der Suche nach jüngeren Männern sind.«

Frau Reitmann blieb so erstarrt stehen, als würde sie für ein Museum Modell stehen. Innerhalb von zwei Sekunden hatte sie so viel Luft geschluckt, dass diese wiederum zwei Sekunden später in Form von Blähungen wieder rauskamen. Wie vom Blitz getroffen, fragte sie mich stotternd: »Jo? W- w- wat g-g-genau mischste dann loa?« (Ja? Was genau machst du dann da?)

»Ahjo, da die meisten Frauen kurz vor dem Ablauf der biologischen Uhr stehen, zeugen wir zusammen ein Kind. Und im Gegenzug heiraten wir, damit ich für den Rest meines Lebens finanziell abgesichert bin«, sagte ich mit einem Ton, der das Ganze als moralisch korrekt verkaufte.

Der Blick von Frau Reitmann war unbezahlbar. In ihren Augen sah man völlige Leere und Sprachlosigkeit. Zuletzt hatte ich diesen Blick Jahre zuvor gesehen, als ich Freddi mal fragte: »Bier oder alkoholfrei?«

»Jo? Sowat giddet?« (Ja? So was gibt's?)

»Ahjo, die Frauen müssen ja auch gucken, wo sie bleiben. Aber Frau Reitmann, ich zähle auf Sie! Ich hätte Ihnen das jetzt nicht erzählt, wenn ich Sie nicht kennen würde!«, zwinkerte ich ihr zu.

»Eich sähn neist! So, mei Jung, ma sieht sich die Toach, tschö!«

(Ich sage nichts! So, mein Junge, man sieht sich die Tage, tschüss!)

Für das große Geheimnis hätte sie sich alle Zeit der Welt genommen, doch sobald das Geheimnis gelüftet war, musste sie dringend nach Hause. Typisch! »Alles klar, ich wünsche Ihnen noch einen schönen Tag! Bis bald!«, sagte ich amüsiert.

Endlich verließ sie die Bäckerei. Ich musste mich so sehr zusammenreißen, nicht laut loszulachen, dass mir am Ende mein Kiefer wehtat.

Eines war jedoch klar, Frau Reitmann wusste nicht, bei wem sie anfangen sollte, die exklusiven Neuigkeiten zu verkünden. Am liebsten hätte sie die Kirchenglocken läuten lassen und eine Dorfversammlung ins Leben gerufen.

Knapp zwei Stunden später klingelte mein Handy. Freddi rief an.

»Kev, wie heißt die Agentur? Ich will da auch rein!«

»Freddi, was laberst du? Glaubst du ernsthaft, ich würde Frau Reitmann mit diesen Infos nach Hause gehen lassen, wenn sie stimmen würden? Ich habe ihr nur ein paar Lügen aufgetischt. So was tut ihr ganz gut!«, lachte ich in den Hörer.

»Also bist du nicht in der Agentur?«

»Nein, natürlich nicht! Wenn es so gewesen wäre, dann wüsstest du Depp davon!«

Seine Enttäuschung war deutlich spürbar. Er hörte sich so an, als hätte er eine langjährige Freundin gehabt, die genau jetzt mit ihm Schluss gemacht hätte. Absolute Enttäuschung und tief sitzender Schmerz, aber noch zu geschockt, um zu weinen.

»Denkst du denn, so eine Agentur gibt es wirklich?«

»Kein Plan, Freddi. Habe ich deinen Traum zerstört?«

»Bro, ich fühle mich gerade so, als hättest du mir acht Mal mit Anlauf in die Eier getreten!«, sagte er geknickt.

Bis zum nächsten Morgen kam das Gerücht auch bei meiner Mutter an. Sie wartete bereits mit verschränkten Armen am Frühstückstisch auf mich.

»Kevin, ich habe schon gehört, was du da wieder für einen Quatsch erzählt hast. Das ganze Dorf glaubt jetzt diesen Mist! Wann willst du endlich mal erwachsen werden? Du überraschst mich immer wieder neu, aber so was Kindisches habe ich selten erlebt!«

»Ach, Mama! Selbst wenn?! Ist doch lustig. Ohne Witz, du hättest das Gesicht von Frau Reitmann sehen sollen. Allein dafür hat sich das Märchen schon gelohnt. Weltklasse! Aber was mich echt interessiert... Was wurde dir denn wortwörtlich gesagt?«

»Ei, dass du Besitzer einer Agentur bist, in der ältere Frauen Babys von jungen Vätern kaufen«, sagte meine Mutter wenig begeistert.

»WAR JA KLAR!«, regte ich mich mit einem leichten Grinsen auf. Nicht mal diese inszenierte Lüge konnte richtig weitergegeben werden. Na gut, dachte ich mir, wenn jetzt im Dorf das Gerücht kursierte, ich sei der Inhaber der Agentur, dann würde ich einfach mal ein paar Namen in den Topf werfen. Frau Reitmann…

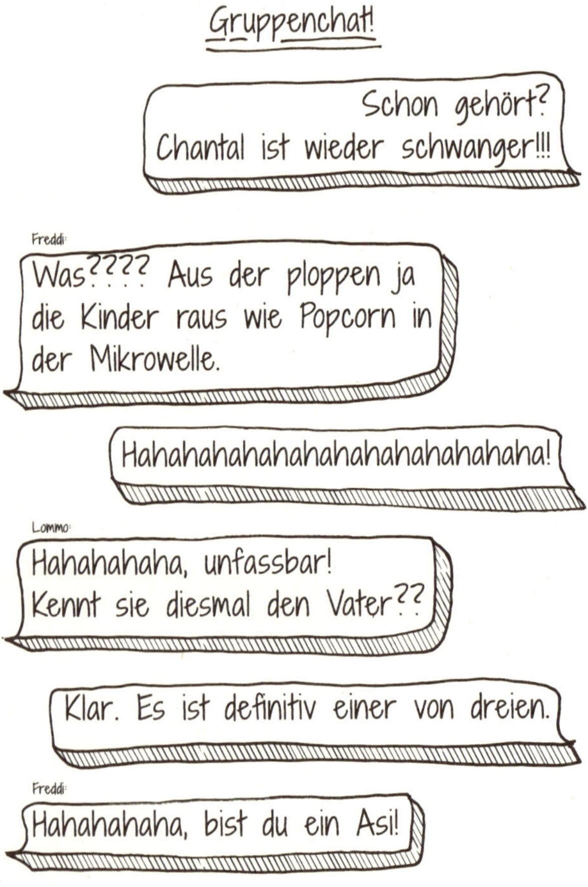

Dein Mikrowellenspruch war ja auch sooo viel freundlicher.

Lommo:

Ist schon heftig, ihre älteste Tochter könnte ihre kleine Schwester sein.

Emelie:

Jungs! Kommt mal runter, das ist immerhin ihre Sache.

Freddi:

Stimmt, Emelie, es ist nicht nur ihre Sache, es ist sogar ihr Kind.

Ich find's auch cool! In ein paar Jahren haben wir im Dorf wieder genug Leute für eine Fußballmannschaft.

Freddi:

Hahahahahahahahahaha!

Chantal:

Ähm … ihr wisst schon, dass ich auch in der Gruppe bin?

Kevin hat die Gruppe verlassen.

Freddi hat die Gruppe verlassen.

Lommo hat die Gruppe verlassen.

16. Mein erster Schritt zur Comedy

Kannst du dich noch daran erinnern, wie lange du auf den Tag gewartet hast, an dem du endlich 18 wurdest? Falls du noch nicht 18 sein solltest, dann habe ich einen gut gemeinten Rat: Stell deine Erwartungen nicht zu hoch! Ich weiß noch genau, wie ich an meinem 18. Geburtstag aufwachte und mir schwor, jetzt alles zu machen, was ich mit 17 noch nicht durfte. Meine Motivation war schnell dahin, als ich realisierte, dass es im Grunde genommen kaum Veränderungen gab. Schließlich gab es nichts, was ich mit 17 noch nicht gemacht hatte, wofür es jetzt an der Zeit war.

Du weißt, wie es bei mir als Dorfkind ablief, als ich noch nicht 18 war. Wie jedes andere Dorfkind auch fuhr ich bereits mit dem Auto, ging in die Kneipe, kam durch gefälschte Ausweise in jeden Club, und wenn ich mir einen Porno anschauen wollte, hatte ich einfach auf den Button »Bestätige, dass du 18 Jahre alt bist« geklickt. Der Jugendknast war von nun an kein Thema mehr für mich, aber extra jemanden umzubringen fand ich dann doch ein bisschen zu krass.

Eine Sache jedoch hatte mein 18. Geburtstag in meinem Leben verändert, und zwar eine Sache, die sich als beste von allen herausstellen sollte. Besser als legal Autofahren, besser als legal Alkoholtrinken und vor allem besser als legal an der Security vorbeizukommen.

Mein schulischer Werdegang lief wie folgt ab: Wie die meisten von uns war ich auf einer Grundschule. Als die weiterführende Schule bevorstand, wechselte ich auf die Realschule und machte mein Fachabitur im Sozialwesen. Jaaa, Tatsache! Ich ging zwar als asozialster Schüler in die Geschichte der Schule ein, aber… okay, es gibt kein Aber. Der Höhepunkt für einen Kevin war dann, mit dem Abitur eine Kirsche auf das Sahnehäubchen zu setzen.

Als ich im 13. Schuljahr war, hatte ich mein 18. Lebensjahr bereits erreicht.

Eines Morgens war ich absolut nicht fähig, in die Schule zu gehen, da ich am Abend zuvor mit der Serie Prison Break angefangen hatte. Während der Serie nur kurz auf Pause zu drücken, geschweige denn für ein paar Stunden die Couch zu verlassen, war keine Option. Der Fernseher blieb konsequent in meiner Sichtweite.

Als ich alle Folgen der ersten Staffel gesehen hatte, ging ich vorbildlich wieder zur Schule. Dort angekommen, fragte meine Lehrerin, Frau Nebel, direkt nach einer schriftlichen Entschuldigung oder nach einem Attest für ihre Unterlagen.

»Sorry, Frau Nebel, die Entschuldigung bringe ich garantiert am Montag mit!«, sagte ich und tat so, als würde ich mir eine Erinnerung hierfür notieren. Stattdessen fertigte ich auf einem karierten Collegeblock-Blatt eine To-do-Liste an, die mich unter anderem daran erinnern sollte, in der nächsten Pause noch schnell die Physik-Hausaufgaben abzuschreiben.

»Am Montag bin ich nicht da, Kevin! Schreib doch jetzt schnell eine Entschuldigung, dann haben wir es abgehakt.«

Ungläubig schaute ich nach vorne zur Tafel, als müsste ich die Aufgabe 835 x 649 im Kopf rechnen und davon die Wurzel ziehen.

»Wie jetzt? Ich selbst?«, fragte ich wie ein kleines Kind, das sich zum ersten Mal die Schuhe zuschnüren soll.

»Ja, du bist doch schon 18, oder nicht?«

Natürlich wusste ich, worauf sie hinauswollte, aber noch war das Ganze zu schön, um wahr zu sein. »Ja richtig, ich bin 18 geworden. Heißt das, ich darf mir selbst Entschuldigungen schreiben?«, fragte ich in der Hoffnung, daraufhin ein »Ja« zu hören.

»Na klar! Wenn man volljährig ist, darf man sich offiziell selbst entschuldigen.«

»Ach so, ja dann… Okay!«

Im ersten Moment wollte ich meine Freude keineswegs kenntlich machen, im zweiten Moment wiederum dachte ich mir: »Living the dream«. Wie gewünscht schrieb ich ihr die Entschuldigung für meinen Fehltag und in einem Zug direkt die zweite Entschuldigung für die kommenden Tage. Ich stand auf und ging in Richtung Klassentür. Kurz bevor ich das Klassenzimmer verließ, warf mir meine Lehrerin einen fragenden Blick zu: »Wo gehst du denn jetzt hin?«

»Nach Hause! Ich habe Kopfweh!«, antwortete ich und hielt demonstrativ meine linke Hand an meine Stirn.

»Ach so, ähm, klar, dann mal gute Besserung!«

Kennst du den Blick einer Lehrerin, die genau weiß, dass du lügst, es aber nicht beweisen kann? Ich konnte ihr ja schlecht sagen, dass von Prison Break mehr als eine Staffel existiert. Sich selbst Entschuldigungen zu schreiben war ein wahr gewordener Traum. Ich fühlte mich plötzlich so beschwerdefrei. Anfangs hatte ich sogar Entschuldigungen für meine Klassenkameraden geschrieben, allerdings besaßen diese leider keine Gültigkeit. Heute weiß ich: Dass ich mir problemlos selbst Entschuldigungen schreiben konnte, war Fluch und Segen zugleich.

Kannst du dich noch an die Zeit erinnern, in der du als Kind von der Schule nach Hause kamst und dich erst mal vor den Fernseher gesetzt hast? Meine Mutter erlaubte mir immer eine Folge meiner Lieblingsserie. Ich habe mal versucht, ihr zu verstehen zu geben, dass auch die darauffolgenden Serien zu meinen absoluten Lieblingsserien gehörten, aber scheinbar durfte ich nicht mehr als eine Lieblingsserie haben. Na ja. Jedenfalls war es bei dir sicherlich nicht anders: Immer, wenn ich länger als vereinbart vor dem Fernseher saß, rief meine Mutter aus der Küche: »Mach den Fernseher jetzt bitte aus, und setz dich an deine Hausaufgaben.«

Was genau haben wir dann alle gemacht? Richtig, wir haben uns vorsichtig die Fernbedienung genommen, wobei wir sie in den meisten Fällen sowieso schon in der Hand hielten, auf den Knopf gedrückt, der die Lautstärke auf stumm stellte, und uns ganz still verhalten – in der Hoffnung, unsere Mutter würde uns dann vergessen. Natürlich haben wir es immer und immer wieder versucht, da wir das ein oder andere Mal mit der Taktik sogar Erfolg hatten. Worauf ich hinaus möchte: Wir hatten unser Glück bis zum Äußersten herausgefordert.

Ich glaube, du kannst dir jetzt noch ein bisschen besser vorstellen, wie es mit meinen entschuldigten Fehlstunden ablief. Im Vergleich zu meinen Mitschülern hatte ich den Vorteil, dass ich ihnen in jeder Serie voraus war. Ich fühlte mich mächtiger als je zuvor. Mit meinem imaginären Zepter in der Hand drohte ich manchmal zu spoilern, wenn sich jemand weigerte, mich seine Hausaufgaben abschreiben zu lassen. Denn jeder, der Serien liebt, hasst die Frage: »Bist du schon an der Stelle, wo…?«

Mein Plan funktionierte sogar über einen längeren Zeitraum. Er funktionierte so lange, bis ich Hausaufgaben über Themen abgeschrieben hatte, von denen ich noch nie gehört hatte. Mit anderen Worten: Ich hing verdammt weit hinterher. Kurz bevor ich damit anfing, den gesamten Unterrichtsstoff aufzuarbeiten, hatte ich mir eine Folge der Serie Blacklist angeschaut. Was hatte ich bloß getan? Aus dem Aufarbeiten wurde nichts, dafür konnte ich wiederum mit dem von allen gefürchteten Spoiler-Alarm drohen.

Was ich dir jetzt sage, stimmt zu einhundert Prozent. Zwei Tage vor der Prüfungsphase hatte ich endlich alle Unterlagen von meinen Mitschülern zusammenerpresst. Ich las mir innerhalb von zwei Tagen alles möglichst oft durch. Stündlich leerte ich eine Dose Energy Drink, was mich nicht nur lange wachhielt, sondern mich auch die gesamte Nacht vom Schlaf abhielt, obwohl ich irgendwann um 3.47 Uhr bereit für mein Bett gewesen wäre.

Nichtsdestotrotz stellte ich mich den Prüfungen. Danach wartete ich auf meine Ergebnisse. Und ich wusste, es würde knapp werden.

Ich war noch nie einer dieser Schüler, die mit einem kritischen Blick das Klassenzimmer verließen und sich die Hände vor das Gesicht hielten, um die Zweifel echt aussehen zu lassen. Hand aufs Herz: Bei diesen Schülern wussten wir genau, dass sie, wenn sie »diesmal wirklich« das Gefühl hatten, die Prüfung vergeigt zu haben, am Ende die beste Note bekamen. »Was? Eine EINS PLUS MIT STERNCHEN? O mein Gott, damit habe ich ja überhaupt nicht gerechnet!« Richtig. So was sagten diese Schüler immer extra laut, und als wenn das nicht schon gereicht hätte, wedelten sie so lange mit ihrem Heft rum, bis sie die gewünschte Aufmerksamkeit erreichten. Spackos.

Na ja. Zurück zu mir. Wenn ich sagte »Ui, das wird knapp!«, dann wurde es knapp! Ich weiß nicht, ob du dich mit dem Notendurchschnitt auskennst, jedenfalls hatte ich mein Abitur mit einem Schnitt von 4,0 bestanden. Bei 4,1 wäre »Game Over« gewesen. Zugegeben war mir das erst mal egal. Bestanden ist bestanden, dachte ich mir zunächst. Außerdem hatte ich mir jetzt eine richtige Auszeit verdient. Schließlich muss der Fleiß, den ich an den beiden Tagen erbracht hatte, auch irgendwie kompensiert werden.

Ich war während meines letzten Schuljahrs bestimmt (nur) 27 Tage in der Schule. Für mich war das völlig ausreichend, aber scheinbar liegt so was ja im Auge des Betrachters. Meine ehemalige Lehrerin, Frau Kortsch, sah dies zum Beispiel anders. Aus ihrer Sicht war ich einer der faulsten Schüler, den sie je unterrichtet habe. Das weiß ich, weil sie mal Folgendes zu meiner Mutter meinte: »Ich verstehe Ihren Jungen nicht! Er ist schlau und talentiert, aber auch – entschuldigen Sie mich für die Ausdrucksweise – der faulste Sack, den ich je unterrichtet habe!«

Zum ersten Mal ärgerte ich mich ein wenig über meinen Notendurchschnitt. Schließlich wurde mir bewusst, dass ich nun nicht mehr alles Mögliche studieren konnte. Um es kurz zu fassen: Mir blieben nur die Studiengänge übrig, in denen es noch ausreichend Plätze gab, weil sie keiner wollte. Einschreiben konnte ich mich letztendlich für den Studiengang Bauingenieurwesen. Damals musste ich erst googeln, wie man Bauingenieurwesen überhaupt schreibt.

Eine weitere Option wäre eine Ausbildung gewesen. Allerdings hatte ich nicht den blassesten Schimmer, welche Richtung mich interessierte. Freddi hatte mir ans Herz gelegt, bloß nichts Falsches zu beginnen. Was richtig oder falsch ist, weiß man zu Beginn nie. Aber er meinte auch, dass ich bereit sein müsste, dafür Blut und Schweiß zu investieren. Er wusste, wovon er sprach. Immerhin ging es ihm ein Jahr zuvor nicht anders, als er sich nach dem Fachabitur für ein x-beliebiges Studium entschied, nur um sich als Student vorstellen zu können.

»Kev, ich sag's dir, wenn du irgendwas studierst, nur um zu studieren, dann ist das so wie mit Laura, mit der du mal drei Monate zusammenwarst, nur um eine Freundin zu haben! Das macht dich unglücklich!«

»Digga, kannst du mal bitte ernst bleiben?«, fragte ich ihn mit einem leichten Lacher. »Kein Studium der

Welt kann mich so unglücklich machen, wie Laura es tat!«

»Sag das nicht! Du musst unendlich viele Bücher durcharbeiten, das ist kein Zuckerschlecken, sag ich dir. Und du musst bedenken… das sind keine Bilderbücher, mein Freund.«

»Gibt's die nicht auch als Hörbuch?«, fragte ich hoffnungsvoll.

»Nix da! Du musst schön lesen.«

»Okay, das ist ein Problem!«

Mit diesem Gedanken konnte ich mich nun wirklich nicht anfreunden.

»Puuuuh, ehrlich gesagt, bereitet mir das Studium momentan auch keine Freude. Ich glaube, ich sollte mir und meinen Nerven mal was Gutes tun und eine Pause einlegen«, verkündete Freddi. Ich konnte sehen, wie der ganze Druck plötzlich von Freddi abfiel.

»Und in der Zwischenzeit?«, fragte ich neugierig und ein wenig besorgt.

»Ich sollte einfach mal an mich denken. Ich bin nur einmal jung, und deswegen darf ich keine Zeit vergeuden, JETZT meinen Traum zu leben. Du weißt, Kev, ich wollte schon immer mal Pokerprofi werden. Wenn ich nach einem Jahr merke, dass dieser Traum zu realitätsfern ist, DANN kann ich damit leben. Aber ich werde mir niemals vorwerfen können, es nicht probiert zu haben«, sagte er euphorisch, als hätte er jetzt schon ein Ass im Ärmel.

Ich starrte Freddi an. Ich meinem Kopf spielte sich eine kleine Szene ab. An den Gedanken, dass Freddi nach Pokerchips statt nach Kartoffelchips griff, konnte ich mich nur schwer gewöhnen, und dennoch hatten seine Worte nach Zielstrebigkeit geklungen. Ja, ich muss sagen, es waren sogar die erwachsensten Worte, die ich je von Freddi gehört hatte. Und sie hatten etwas Wahres!

»Nicht schlecht, Freddi! So eine Sichtweise habe ich dir nicht zugetraut. Ich bin gerade ein bisschen beeindruckt!«

»Alles gut, Bro! Ich schlafe auch so mit dir.«

»Höhö, hättest du wohl gerne!«

»Ehrlich gesagt, hatte ich schon Schlimmere im Bett.«

»So, bevor deine Nippel zu hart werden: Ich mache es wie du! Ich will meinen Traum auch verwirklichen. Ich lebe nur einmal. Meine Zeit ist zu kostbar für Dinge, die mich nicht weiterbringen, weil ich sie nicht machen möchte.« Ich fühlte mich wie neugeboren.

»Richtig so! Vor allem traue ich dir definitiv zu, dass du deinen Traum von Hartz IV verwirklichst!«

»Selbst, wenn…, verdiene ich immer noch mehr Geld als du mit deinem Poker!«

»Touché! Aber sag mal, was ist denn dein Traum?«, wollte Freddi von mir wissen.

»Ich wollte schon immer mal Comedy machen. Ich habe mir früher oft den Quatsch Comedy Club im Fernsehen angeschaut und dann immer davon geträumt, auch mal auf einer Stand-up-Bühne zu stehen.«

»Mega! Das passt voll zu dir, Kev! Warum hast du noch nie den ersten Schritt gewagt?«, fragte Freddi berechtigt.

»Weil ich mir immer dachte: ›Warum ausgerechnet ich?‹«

»Kev, die Frage muss lauten: ›Warum nicht ich?‹ Und jetzt sag mir das… Warum nicht du? Andere haben es doch auch geschafft!« Freddi hatte plötzlich was von einem Motivations-Coach.

»Das stimmt wohl! Ach Freddi, weißt du was? Es ist mir egal, was andere über mich denken werden. Die einzige Verantwortung, die ich habe, ist, es einzig und allein mir recht zu machen.« Ich fühlte mich nun schon zum zweiten Mal wie neugeboren. Freddi hatte die Kugel ins Rollen gebracht. Stolz sagte er: »Das ist mein Junge! Aber Kev, auch wenn du jetzt deinen Traum verwirklichen möchtest, solltest du dich trotzdem für einen Studiengang einschreiben. Du weißt schon… wegen des Semestertickets.«

17. Soziale Menschen machen Sozialstunden

Wie groß ist dein Heimatort? Habt ihr eine kleine Pizzeria oder ein anderes kleines Lokal im Dorf? Wenn man bei uns außerhalb von zu Hause Fleisch essen möchte, dann muss man es eigenhändig jagen. Einmal war ich jagen und bekam großen Ärger: »Wehe, wenn du noch einmal jagen solltest, in Nachbars Garten!«

Wenn wir beim nächsten Lieferservice ein argentinisches Rumpsteak bestellen würden, könnten wir es theoretisch auch frisch aus Argentinien importieren lassen. Die Lieferzeit wäre dieselbe. Machen wir uns nichts vor, wenn wir uns betrunken auf den Heimweg machen, gibt es doch fast nichts Besseres als einen Snack to go. Klar, der Bäcker ist besser als nichts. Dennoch ist ein Döner auf dem Heimweg wie ein kleiner Traum, der in Erfüllung geht. Es gibt allerdings eine Sache, die noch besser schmeckt als ein Döner. Wahrscheinlich ahnst du schon, worauf ich hinaus möchte. Mamas Küche schmeckt immer gut, aber wenn man nachts nach Hause kommt und noch Reste vom Mittagessen auf dem Herd findet, dann ist diese Geschmacksexplosion kaum zu überbieten. Kalte Nudeln schmecken in dem Fall sogar besser als warme Nudeln. Jackpot! Sich dafür einen sauberen Teller aus dem Küchenschrank zu nehmen wäre unnötig. Ich kenne niemanden, der in dieser Situation solchen Aufwand betreiben würde. Eine Gabel reicht völlig aus, um im Stehen aus der Pfanne zu essen.

Eines Tages kam ich auf die glorreiche Idee, mein Reserverad auszupacken: Eine Tiefkühlpizza. Ich schob sie betrunken und stark übermüdet in den Ofen. Damals waren Rauchmelder noch keine Pflicht im Haushalt. Puuuh, drei Feuerwehrautos waren nötig, um das Feuer zu löschen. Den Qualm sah man bis ins Auenland.

Nachdem alles vorbei war und ich gerade zu meiner Mutter sagen wollte: »Na ja, immerhin hat sich keiner verletzt!«, gab sie mir mit der flachen Hand eine Links-Rechts-Kombination, die bis heute nachwirkt. Im Anschluss nahm sie mich doch noch in den Arm und stimmte mir erleichtert zu. Ich hatte zumindest daraus gelernt, auch wenn sich darüber streiten lässt, ob ich mit meinem Pegel, der sich an jenem Abend deutlich von dem normal alkoholisierter Menschen unterschied, überhaupt als zurechnungsfähig gelten durfte. Jedenfalls gab ich nicht der Tiefkühlpizza die Schuld, weshalb ich sie immer noch liebe. Und nur wenige Tage später kam ich mal wieder mitten in der Nacht heim und

hatte Lust auf eine Tiefkühlpizza. Doch um kein erneutes Risiko einzugehen, musste ich neue Vorsichtsmaßnahmen treffen. »Dann esse ich sie eben tiefgekühlt«, sagte meine innere Stimme, als eine imaginäre Glühbirne über meinem Kopf aufleuchtete. Als ich knapp die Hälfte der tiefgekühlten Pizza geschafft hatte, spürte ich meine gesamte Mundpartie nicht mehr.

Was sich zuerst anfühlte wie die Aktion eines Genies, entpuppte sich als Aktion eines Vollidioten. Für Nächte wie diese musste es also eine andere Lösung geben. Und die gab es dann auch. Freddi und ich hatten diesmal sogar wirklich eine grandiose Idee, mit der wir zwei Fliegen mit einer Klappe schlugen: Immer, wenn wir in einem Nachbarort feiern waren, bestellten wir uns in dem jeweiligen Ort eine Pizza zu uns nach Hause und fuhren direkt mit dem Lieferservice mit. Tipp von mir: Falls du demnächst ein Date haben solltest, aber kein Auto hast, dann bestell einfach eine Pizza zu deinem Date und lass dich mitnehmen.

Wie dir bereits bekannt ist, liebe ich Pizzen. Der Gedanke an eine Pizza lässt mich sogar ein bisschen melancholisch werden. Denn ich vermisse die Zeit, als Freddi und ich uns am Telefon mit falschem Namen ausgaben und Pizza per Zufallsprinzip zu irgendwelchen Familien im Dorf liefern ließen. Manch einer sagte, so was macht man nicht! Wir dagegen hatten das Ganze immer aus einer anderen Sicht betrachtet.

Stell dir mal vor, du bist zu Hause, liegst bequem mit deiner Jogginghose auf der Couch, hast übertriebenen Hunger, bist aber mal wieder zu faul, dich ums Essen zu kümmern. Und dann… aus dem Nichts… klingelt es an deiner Tür. Im ersten Moment bist du genervt, weil du den warmen Platz auf der Couch verlassen musst. Aber der Moment danach ist viel entscheidender: Du öffnest die Tür, und vor dir steht der Lieferservice mit einer warmen Pizza im Karton. Mit einer warmen PIZZA! Du suchst zwar vergeblich nach dem Heiligenschein über seinem Kopf, aber du dankst dem lieben Gott!

Man könnte also sagen, Freddi und ich haben fremde Menschen glücklich gemacht! Wohlgemerkt, wir hatten sogar immer eine extra Portion Käse auf der Pizza bestellt, um das Glücksgefühl auf eine ganz besondere Ebene zu bringen. Zwar musste jeder seine Pizza selbst bezahlen, aber abgesehen davon, war unsere Idee eine wahre Heldentat.

Natürlich gab es in meiner Jugend auch die ein oder andere Idee, von der kaum einer so sehr begeistert war wie wir selbst. Vor ein paar Jahren hatten wir bei uns in der

Dorfkneipe Happy Hour Night. Alle Getränke kosteten nur einen Euro. Es war fast zu schön, um wahr zu sein. Der nächste Morgen war bislang der einzige, an dem ich lächelnd in mein Portemonnaie schauen konnte. Aber bis zu dem Zeitpunkt war in der Nacht noch einiges passiert. Die Happy Hour Night war super!

Ich liebte unsere Dorfkneipe. Dort geschahen ständig Dinge, bei denen sich meine Tränen vor Lachen nicht mehr halten konnten und wie ein Wasserfall an meinen Wangen herunterflossen. Ich bin der festen Überzeugung, dass unsere Dorfkneipe deutschlandweit die einzige ist, die ein Bällebad mit einer kleinen Rutsche bietet. Das kommt den meisten Vätern zugute, wenn sie auf ihre kleinen Kinder aufpassen müssen, aber Lust auf einen kleinen Absacker haben. Einmal ist das Ganze ein bisschen aus dem Ruder gelaufen, als einer der Väter so betrunken war, dass er versehentlich das falsche Kind mit nach Hause nahm. Folglich eskalierte die Situation ein wenig, weil eine Kettenreaktion dazu führte, dass auch alle anderen Väter mit einem falschen Kind nach Hause kamen. Stets nach dem Motto: Lieber mit dem falschen Kind statt mit gar keinem. Mach dir keine Sorgen, am nächsten Tag wurden alle Kinder wieder zurückgetauscht.

Zurück zur Happy Hour Night. Wie der Zufall es wollte, war an diesem Abend ein kleiner Dorfzirkus in der Gegend. Freddi boxte mir leicht auf die Schulter: »Kev, ich habe eine Idee! Auf der großen Wiese neben dem Sportplatz ist doch der kleine Zirkus. Wie wäre es mit einem Kamel to go?«

»Was?«

»Wir leihen uns das Kamel auch nur kurz aus«, fügte Freddi hinzu.

»Freddi, ich bezweifle, ehrlich gesagt, dass die Zirkustiere zum Verleih stehen.«

»Schon klar, du Esel! Wir leihen uns das Kamel aus, ohne zu fragen.«

»Dann klauen wir es ja.« Freddi war sich dessen zwar bewusst, dennoch fühlte ich mich gezwungen, dies noch mal auszusprechen.

»Klauen klingt so negativ. Wir bringen es diese Nacht wieder zurück. Das fällt sowieso niemandem auf.«

»Das ist die bescheuertste Idee, die du je hattest. Aber ich bin dabei!«

»Geil! Ich lenk das Vieh!«

»Ein Tier kann man nicht lenken.«

»Du weißt, was ich meine!«

»Ja, ich weiß, was du meinst, aber ich kenne dich auch gut genug. Du würdest das Kamel sogar an einer Tankstelle mit Diesel volltanken.«

Die Sorge war tatsächlich berechtigt. Manchmal hatte Freddi seinen Kopf nur zum Haareschneiden. Wir zahlten unseren Deckel und machten uns auf den Weg in Richtung Zirkus. Auch wenn unser Plan nicht ganz so legal war, hatten wir uns überhaupt nichts Schlimmes dabei gedacht. Wir lösten das Seil von dem Pfosten, an dem das Kamel angebunden war. Freddi versuchte, auf das Kamel zu steigen. Wir ahnten nicht, dass man das Auf-ein-Kamel-Steigen studieren musste. Vielleicht waren die Umstände aber auch einfach nur unserer körperlichen Verfassung geschuldet.

»Gib mir mal Räuberleiter, Kevin. Sobald ich bis drei gezählt habe, drückst du mich hoch«, flüsterte er mir mit seiner Fahne ins Gesicht.

»Eins, zwei, zwei Komma fünf, drei!«

Ich drückte Freddi so hoch, wie ich konnte. Den Schwung, den Freddi nahm, unterschätzte er ein wenig und flog auf der anderen Seite des Kamels wieder auf den Boden. Der Sturz erfolgte nicht wirklich leise. Wir zogen das Kamel zügig in Richtung Dorf. Vergebens. Nach zwanzig Metern waren vier brüllende Männer hinter uns her. Freddis Sturz musste die Zirkusleute geweckt haben.

Die Folge der ganzen Misere war eine Anzeige, die vor Gericht ging. Schon vor Beginn der Gerichtsverhandlung war ich entsetzlich nervös, weil ich noch nie zuvor angeklagt worden war. Freddi hingegen blieb gelassen. »Alles wird gut Kev, ich weiß genau, was gleich zu tun ist. Ich habe alle Folgen von Richterin Barbara Salesch gesehen«, versuchte Freddi mich zu beruhigen.

»Junge, kommst du noch klar?! Das sind alles schlechte Schauspieler! Das hat überhaupt nichts mit dem realen Leben zu tun!«

Kennst du diesen Moment, wenn du siehst, wie dein Gegenüber merkt, dass er unrecht hat, aber trotzdem nicht einknickt und seine Behauptung mit schlechten Argumenten stützt?

»Nix Schauspiel! Ich habe es dir zwar nie erzählt, aber mein Onkel war da angeklagt und kam anschließend in den Knast.«

Ich hatte keinen Nerv für so ein dummes Geschwätz, also gab ich ihm das, was er hören wollte: »Ja okay, du hast ja recht…«

»Habe ich auch! Und jetzt vertrau mir einfach. Ich weiß, wie ich uns vielleicht aus der Situation rausbekomme!«, sagte Freddi zufriedengestellt.

Als der Richter uns beschuldigte, beim besagten Zirkus einen Kamel-Diebstahl verübt zu haben, meldete sich Freddi direkt zu Wort: »Eure Hoheit, wenn ich bitten darf.«

Als Freddi »Euer Ehren« mit »Eure Hoheit« verwechselte, warf ich einen kurzen Blick in Richtung Himmel und machte ein Kreuzzeichen. Freddis Verteidigung nahm ihren Lauf: »Wir haben das Kamel lediglich ausleihen wollen. Und vorab zu fragen, hielten wir um die Uhrzeit nun wirklich nicht für angemessen. Unser Anstand hatte die Zirkusmitarbeiter nicht aus dem Schlaf reißen wollen. Schließlich wäre das unhöflich. Wir hätten auch Pfand hinterlassen, wussten nur nicht, wo wir es hätten hinlegen sollen.«

Der Richter wandte ein: »Herr Schumann, Leihen ohne Einverständnis des Besitzers nennt man Diebstahl.«

»Dann habe ich dem Ganzen nichts mehr hinzuzufügen, Eure Hoheit!«

Wow. Das war also DAS Argument, mit dem Freddi versuchte, den Richter von unserer Unschuld zu überzeugen. Die Strafe wurde immerhin mit mildernden Umständen ausgesprochen, da aufgrund unseres hohen Alkoholpegels auf Unzurechnungsfähigkeit plädiert wurde. Trotzdem konnten wir die hundert Sozialstunden in einem Tierheim nicht umgehen.

Und die Moral von der Geschicht'? Du wirst nicht so hart bestraft, sei öfters dicht!

18. Legendär

Im Dorf weißt du, dass der Frühling beginnt, wenn du die Gülle riechst. Wir Dorfkinder sind immun gegen den Gestank. Wir ziehen die Prise durch die Nase und genießen die Freiheit. Stadtkinder sind das exakte Gegenteil. Beim Geruch von Gülle ist höchste Konzentration gefragt. Ähnlich wie bei einer Matheklausur. Nichtsdestotrotz würde ich den Geruch von Kuhfladen keineswegs gegen den Geruch von Motorabgasen eintauschen.

Das Wetter im Frühling ist ja auch so eine Sache… mal ist es schön, mal könnte man meinen, es wäre tiefster Winter. Auch wenn das Motto auf dem Land lautet: »Es gibt kein schlechtes Wetter, nur schlechte Kleidung«, gibt's immer irgendeinen Freund, der den Spruch irgendwie falsch versteht. Die Rede ist von dem Freund, der es ab Frühlingsbeginn konsequent durchzieht, nur noch kurze Hosen anzuziehen. In den meisten Fällen ist das auch der Typ, der immer wieder mal in Gummistiefeln aufs Schützenfest geht. Aber für alle Dorfkinder gibt's einen bestimmten Tag im Frühling, der bei den wichtigsten Tagen im Jahr unter den Top Ten zu finden ist: Es ist der 1. Mai mit der unverzichtbaren Maiwanderung. Mega! Noch nie habe ich ein Dorfkind sagen hören: »Was? Bollerwagen? Voller Alkohol? Wandern? Nicht mein Ding.«

Wir benutzen zu gern mal das Wort »legendär«. Aber eines ist Fakt: Die meisten Maiwanderungen sind nun mal legendär.

Freddi, Lommo, Skittle, Pascal, Emelie, Anne und ich hatten mal die größte Maiwanderung geplant, die wahrscheinlich jemals gemacht wurde. Der Plan war, von null Uhr bis null Uhr durchzumarschieren. 24 Stunden lang gehen. Zu Fuß. Mit den Beinen. Aber beim Fußball war ich schon fix und fertig, wenn ich von der Kabine aufs Spielfeld gesprintet war. So viel dazu.

Wir trafen uns um 20 Uhr bei Lommo in der Garage.

»Sooo, Freunde der Sonne, morgen streben wir einen neuen Weltrekord an«, prahlte Freddi, während er mit seinen Fäusten wie ein Gorilla auf seine Brust schlug.

»Na ja, aber dann dürfen wir auf keinen Fall im Tempo von Kevin gehen, sonst kommen wir nicht mal im nächsten Ort an«, lachte Pascal.

»Halt die Gosch, Pascal! Wenn wir uns auf deine Orientierung verlassen, kommen wir in der Hölle raus!«, antwortete ich leicht provoziert.

»Na und? Was gibts Geileres als die Hitze der Hölle und dazu ein kühles Bier?«

»Zwei kühle Bier!«, rief Freddi, der seinen Mund voller Chips hatte, in die Runde.

»Jungs, jetzt lasst uns mal sachlich bleiben!«, mischte Emelie sich ein.

»Okay«, sagte ich, »die Chefin hat gesprochen! Dann lasst uns mal loslegen! Lommo? Du hast die Getränke besorgt?«

»Hab' ich! Ich habe extra etwas für Jungs UND Mädels.«

»Vorbildlich, Junge! Freddi? Du bringst deinen Ghettoblaster mit?«

»Aye, aye, Captain!«

»Sehr gut! Achte bitte darauf, dass der Akku aufgeladen ist. Und ganz ganz wichtig: denk bitte daran, dass du noch eine CD brennen sollst, auf der Olé, wir fahrn in den Puff nach Barcelona drauf ist.«

»Alles schon erledigt, Chef!«

»Dann auch hier, vorbildlich! Ich bringe meinen Bollerwagen mit. Das wäre dann auch schon mal geklärt. Hat sonst noch jemand eine Idee, was fehlen könnte? Emelie?«

»Ja, Anne und ich kümmern uns um belegte Brötchen für alle.«

»Sehr cool! Dann lasst mich noch mal kurz überlegen… Jep, wir haben alles!«

Eines kann ich dir schon mal vorwegnehmen: Wir hatten noch lange nicht alles! Taschenlampe, Ersatzkleidung, Klopapier und so weiter. Wir gingen nach Hause und schliefen knapp drei Stunden, bis die große Wanderung starten sollte. Zum

Thema Pünktlichkeit hast du bereits genug gelesen. Natürlich war keiner von uns pünktlich. Um 0.45 Uhr hatten wir die Truppe endlich beisammen. Wir waren müde und alles andere als bereit für die Tour! Beim Anblick unserer Augen hätte man vermuten können, wir seien eine Touristengruppe aus China. Uns war endlos kalt. Sicherlich kennst du das. Wenn man müde ist, friert man automatisch. Die Qual war uns ins Gesicht geschrieben.

Wir gingen los. Die erste halbe Stunde fühlte sich an wie die dreißig langweiligsten Minuten meines Lebens. Selbst die Träume, an die ich mich nicht mal mehr erinnern konnte, waren amüsanter. Wir redeten KEIN Wort miteinander, einfach weil jeder im Halbschlaf über den Asphalt schlenderte.

Nach einer gewissen Weile kam der erste Ton von Freddi. Er hatte Blähungen. Der Furz war so laut, dass die Jungs lachten und die Mädels sich davor ekelten. Von nun an tauten wir auf, und die Stimmung wurde besser. Wer hätte gedacht, dass der Eisbrecher für unser Schweigen ein Furz sein würde?

»Na kommt, nützt ja alles nichts!«, rief ich motiviert in die Runde. Ich drehte den Ghettoblaster auf, öffnete die Kühltaschen im Bollerwagen, um den Alkohol an jeden zu verteilen.

»Äääähm, Lommo?«, fragte ich perplex, »Ich sehe hier NUR Vodka. Ich dachte, du hast was für die Jungs UND die Mädels?«

»Ahjo, die 0,7 Liter-Flaschen sind für die Jungs, die 0,2 Liter für die Mädels!«

»JUNGE! Hast du wenigstens etwas zum Mischen mitgenommen?«, fragte ich, obwohl ich die Antwort bereits ahnte.

Nach fünf Sekunden Überlegung brabbelte er vor sich hin: »Das Einzige, was ich für den Geschmack dabeihabe, ist ein Kaugummi! Das mildert den Geschmack von purem Alkohol erheblich!«

»Ernsthaft? Dann gib mal bitte eins, das möchte ich ausprobieren!«

Lommo nahm das Kaugummi aus seinem Mund und hielt es mir zwischen zwei Fingern gequetscht vor die Nase.

»Sag mal, Lommo, gehts dir noch zu gut? Wie viele Flaschen hast du schon getrunken?«, fragte ich wütend.

»Keeeeev, entspann dich!«, tönte Freddi.

»Im Fernsehen trinken die Russen sich auch immer mit Vodka warm! Genau das machen wir jetzt auch. Sobald wir in fünf Stunden an einem Supermarkt vorbeikommen, kaufen wir weitere Getränke.«

Um 1.30 Uhr in der Nacht standen wir also da. Mitten auf der Bundesstraße. Irgendwo im Nirgendwo. Die einzige Lichtquelle war der Vollmond. Weit und breit hörte man nur unseren Ghettoblaster. Jeder von uns hielt eine Flasche in die Luft. Mit voller Motivation stimmte ich unseren Trinkspruch an:

»Oh Alkohol, oh Alkohol,
dass du mein Feind bist, weiß ich wohl,
doch in der Bibel steht geschrieben,
du sollst auch deine Feinde lieben! Prost!«

Jeder von uns nahm einen kräftigen Schluck. Tatsächlich war es irgendwie komisch, um die Uhrzeit Vodka zu trinken. Auch wenn dies eher gewöhnlich als ungewöhnlich war, aber wenn man erst eine Stunde zuvor aufgestanden ist, ist es einfach nur widerlich. Wir zogen weiter. Die Stimmung war super! Wir waren so sehr abgelenkt, dass uns erst nach einer dreiviertel Stunde auffiel, dass Olé, wir fahren in den Puff nach Barcelona in Dauerschleife lief.

»Wie stelle ich die Wiederholung aus, Freddi?«

»Moment, ich guck' mal eben.«

Freddi schaute angeschwipst auf den Ghettoblaster: »Komisch, irgendwie ist die Wiederholung ausgeschaltet. Moment mal. Ich glaube... ouuuu!«

»Was ouuuu?«, fragte Emelie, die sichtlich mit dem Schlimmsten rechnete.

»Aus irgendeinem Grund habe ich NUR Olé, wir fahren in den Puff nach Barcelona auf die CD gebrannt, und sonst nix.«

»Na super«, dachte ich mir. Erst versagt Lommo, dann Freddi. Ich war kurz davor zu meckern, wollte aber vor Emelie nicht wie eine Zicke aussehen. Also hielt ich mich erst mal zurück. Zum Glück, denn eine Stunde später stellte sich Folgendes heraus:

»Nääääääää, das glaub' ich jetzt nicht«, brüllte Freddi wie der Frontsänger einer Metal-Band, »Die Achse ist durchgebrochen! Was ist das denn bitte für ein Schrott, Kev?«

Ups.

Unfassbar, alles lief schief. Wir waren zwei Stunden von unserem Zuhause entfernt, hatten keinen Bollerwagen mehr, und Olé, wir fahren in den Puff nach Barcelona hing uns zum Halse raus. Und als wenn das nicht schon genug wäre, schüttete es plötzlich wie aus Eimern. Der Regen gab uns tatsächlich den letzten Rest, sodass wir entschieden wieder umzukehren, um ein paar Stunden zu schlafen. Um 6 Uhr morgens waren wir wieder zu Hause, durchnässt, am Frieren und immer noch übermüdet.

Als ich den Haustürschlüssel umdrehte, um die Haustür zu öffnen, rief Freddi: »Bro, ich rufe dich dann gegen 11 Uhr an, okay?« Richtig. Sein Plan war ja, nur eine Pause einzulegen.

»Mach das, Digga, die Zeit ist perfekt!«, log ich ihn an, um ihn loszuwerden.

Ich ging in mein Zimmer, warf meine nassen Klamotten in die Waschküche, legte mich ins Bett, schaute noch mal kurz auf die Uhr und machte mein Handy aus.

19. Die Polizei, unser Freund und Helfer

Thema: Auto auf dem Land. Welches Dorfkind kann da nicht Geschichten bis zum Umfallen erzählen? Bist du auch zum ersten Mal mit vier Jahren Auto gefahren, bei Papa auf dem Schoß? Oder habt ihr euch auch einen Helm angezogen und seid mit einem Polo, der schon kurz davor war, in alle Einzelteile zu zerfallen, quer übers Feld gedüst? Ich hoffe so sehr für dich, dass du gerade genau wie ich in deinen Erinnerungen schwelgst. Gänsehaut.

Nicht selten kam es vor, dass wir zu acht ins Nachbardorf auf ein kleines Fest wollten, aber nur ein Auto zur Verfügung stand. Wer kannte ihn nicht? Den Dreier Golf Achtsitzer! Der breiteste Kollege durfte ausnahmsweise auf den Beifahrer, vier Leute auf die Rückbank und zwei in den Kofferraum. Auch hier galt wieder ein klassisches Dorfgesetz: »Bis zum Nachbardorf darf man so viele Leute ins Auto stopfen wie möglich!«

Wenn man in meiner Jugend die Autos der Dorfkinder mit den Autos der Stadtkinder verglich, dann war vor allem beim Erstwagen ein großer Unterschied zu erkennen. Die Stadtkinder hatten Autos mit allen zusätzlichen

Funktionen, Navigationssystem, elektrischem Fensterheber, Sitzheizung und so weiter. Unser Auto dagegen musste nur einen einzigen Punkt erfüllen: Hauptsache, unser Auto ging an! Niemand von uns brauchte damals ein Navi. Wir hatten uns vorab über unser Ziel informiert, sind der ungefähren Richtung gefolgt und intuitiv immer so lange in diese eine Richtung gefahren, bis auf der Autobahn die erste Ortsangabe ausgeschildert war.

Ich möchte an dieser Stelle zwei Typen von Autofahrern erwähnen. Zum einen hatten wir den einen Freund, den wir vor einer Party immer gefragt haben, ob er mitkommt, weil wir genau wussten, er würde immer der Fahrer sein. Denn dieser eine Freund trank niemals Alkohol. Auf jeder Party dachte ich mir immer: »Mensch, wie kann man denn hier nüchtern Spaß haben?« Heute weiß ich, insgeheim war es mir egal, wie er die Partys nüchtern aushielt, ich war nur besorgt, dass er irgendwann doch auf den Geschmack des Alkohols kommen würde und wir somit ohne Fahrer daständen. Vielleicht habe ich ihn deshalb auch auf jeder Party unendliche Male gelobt, wie bewundernswert ich es fände, dem Alkohol standzuhalten. »Alkohol ist nur was für die Schwachen, für die Mitläufer. Aber du, mein Freund, bist ein Tier! Wahnsinn! Vorbildfunktion! Und mal nur unter uns beiden, Alkohol schmeckt nicht mal!«, lallte ich ihm ins Ohr und zog meine Korn-Cola-Mischung auf ex weg.

Der andere Typ Fahrer hat bis heute bei uns einen Legendenstatus! Du kennst ihn. Es ist der eine Freund, der schon sein Leben lang mit dem Auto fährt, ohne einmal getankt zu haben. Auf der Bühne in meiner Live-Show erzähle ich dazu folgende Story:

»Dieser eine Freund, der von Köln bis nach Barcelona und wieder zurückfahren könnte, ohne einmal getankt zu haben! Dieser eine Freund, von dem wir uns denken: ›Das kann doch nicht sein. mein Auto fährt mit Sprit, seins mit Hoffnung!‹ Freddi ist so ein Kandidat! Eines Tages fuhr ich mit ihm auf der Autobahn, sein Tanklämpchen leuchtete schon so lange, dass der Akku von dem Lämpchen schon fast leer war. Als ich ihn fragte, wie es denn mit Tanken aussehe, meinte er nur tiefenentspannt, es sei alles gut, er kenne sein Auto. Was war das für eine Antwort? Wie soll da alles gut sein? Vor lauter Sorgen hatte ich ihm zum Geburtstag einen 50-Euro-Gutschein für die Aral geschenkt. Was machte der Held? Er fuhr zur Tankstelle und kaufte sich davon Bier!«

Sicherlich kannst du dir denken, dass ich auch kein Unschuldsengel war. Kennst du diese Geschwindigkeitsanzeigen, die einen lächelnden Smiley zeigen, wenn du 29 km/h fährst, und einen traurigen Smiley, wenn du 31 km/h oder schneller fährst? Ich hatte mir schon mal die Frage gestellt, ob diese Anzeige eigentlich auch drei Ziffern habe… Keine Sorge, du musst es nicht ausprobieren. Hat sie. Sogar mit einer Zwei vorne. Bei einer

Geschwindigkeit von über 200 km/h hatte ich mir, ehrlich gesagt, das Kackhaufen-Emoji auf der Anzeige erhofft. Ich möchte mich jetzt auch nicht als Bad Boy darstellen, aber nicht nur einmal wurden wir von der Polizei verfolgt und sind geflohen. Licht aus, ab in die Feldwege, und zack, weg waren wir.

Von unseren Feldwegen kannten wir jede Kurve auswendig. Da hat jemand, der diese Strecke zum ersten Mal fährt, absolut keine Chance, uns einzuholen. Ach ja, die Polizei, unser Freund und Helfer. Woher stammt eigentlich der Slogan »unser Freund und Helfer«? Die Polizei taucht gefühlt immer nur dann auf, wenn man sie absolut nicht brauchen kann.

Bei mir tauchte sie im ungünstigsten Moment auf, den man sich nur vorstellen konnte. Gemeinsam mit Freddi war ich in einem Club in Koblenz. Koblenz war von unserem Heimatdorf ungefähr hundert Kilometer entfernt. Der Plan war simpel. Wir fahren hin, haben Spaß, fahren nach Hause. Im Club angekommen, waren die ersten 30 Minuten ziemlich unterhaltsam, aber wie heißt es so schön? Zwei Dumme, ein Gedanke.

»Kev, alleine trinken ist ätzend!«, meckerte Freddi gelangweilt, mit einem Arm am Tresen angelehnt. »Den ganzen Abend Energy Drinks zu trinken ist auch kein Wunschkonzert!«, entgegnete ich. »Pass auf, wir machen es so… Wir trinken einfach beide und pennen im Auto! Morgen Früh gehen wir dann irgendwohin, frühstücken gemütlich, und sobald du dich fahrtauglich fühlst, fahren wir nach Hause. Was sagst du?«

»Ich sage… dann bestelle ich mal einen Drei-Liter-Tower Whiskey-Cola!«

Ab diesem Moment war die Party der absolute Wahnsinn. Verschwitzt und mit bester Laune standen wir irgendwann auf den Tischen und grölten passend zur Musik: »An Tagen wie diesen, wünscht man sich…« Wie oft hatte meine Mutter gemeckert, ich solle mehr Wasser trinken. Das wäre gut für meinen Körper. Spätestens ab einem Liter hatte ich mit Wasser zu kämpfen. Beim Alkohol dagegen gab es dieses Problem nicht.

Dieser Abend war einer der Abende, an dem Freddi und ich ein bisschen zu übermotiviert waren. Nachdem wir den Drei-Liter-Tower Whiskey-Cola in uns hineingeschüttet hatten, bestellten wir erneut einen Tower. Mit dem kleinen Unterschied, dass wir ihn uns nicht teilten, sondern jeder für sich bestellte. Freddi sprach ein vorbeigehendes Mädchen an, das nur kurz und knapp mit einem süßen Lächeln antwortete: »Sorry, ich spreche kein Arabisch.« Wie es klingt, wenn Freddi lallt, muss ich an dieser Stelle nicht weiter ausführen, oder?

Gerne würde ich dir jetzt noch bis ins Detail von diesem Abend erzählen, aber das würde vermutlich nicht der Wahrheit entsprechen. Denn der Großteil der Erinnerung ist verschwunden. Vielleicht ist es aber besser, dass die restlichen Erinnerungen im Alkohol ertränkt wurden.

Eng umschlungen mit meinem Tower stand ich so lange an der Theke, bis meine Ohren bemerkten: Das sind doch die Backstreet Boys! Nach PUR und Wolle Petry standen die Backstreet Boys meiner Meinung nach auf einem souveränen dritten Platz meines Geschmacks. Ich nahm meinen Tower in beide Arme und versuchte mich durch die Menschenmasse in Richtung Dancefloor zu kämpfen. Vergebens. Ich hob den Tower mit beiden Händen auf meinen Kopf und versuchte ihn zu balancieren, wie man es auf Bildern von einheimischen Frauen aus Afrika kannte. Nur war es bei den Frauen kein Drei-Liter-Tower Whiskey-Cola, sondern eine Schale voller Obst und Früchte. Ich ging ungefähr zwei Schritte nach vorne, ehe ich platschnass wurde. »Regnet es?«, fragte ich mich, obwohl ich mich in einem geschlossenen Raum mit Decke befand. Ich blickte nach oben. Genau in dem Moment schüttete ich meinen Whiskey-Cola-Tower nach hinten auf andere Partygäste. Schnell stellte ich den Tower auf den Boden, um zu realisieren, was geschah. Es dauerte einen Augenblick, bis ich bemerkte, dass mein Tower abgebrochen war. »Wie zur Hölle konnte denn das passieren?«, war diesmal die Frage, die sich in meinem Kopf auftat.

Von hinten umarmte mich jemand, zog mich an sich ran und lachte lautstark. Es war Freddi: »Bruder, du bist der

Geilste! Siehst du das Holzschild, das da quer hängt? Mit der Aufschrift Willkommen im Stadl? Dein Tower ist abgebrochen, weil du dagegengelaufen bist.« Ich sammelte die Scherben weitestgehend ein und versuchte den Tower an der Theke zu reklamieren: »Ihr habt mir einen bereits durchgebrochenen Tower gegeben. Das ist mir aber erst eben aufgefallen!«, lallte ich in Richtung Mitarbeiter. Er warf mir diesen klassischen »Junge was willst du von mir«-Blick zu und antwortete kurz und knapp: »Sorry, ich spreche kein Arabisch!«

Freddi konnte nicht mehr vor Lachen. Ja, er war sogar ein wenig schadenfroh, weil er einige Monate zuvor mal in einer ähnlichen Situation steckte. Jedenfalls ging sein Tower ebenfalls zu Bruch. Allerdings ließ er diesen offensichtlich fallen, weil er zu dem Song »Put your hands up in the air« tanzte. Kurz danach hatte ich zu Freddi gesagt: »Jetzt hast du es offiziell bewiesen. Du bist der größere Trottel von uns!«

Und nun das.

Gegen 4 Uhr morgens verließen wir den Club in Richtung Auto. »Wir haben alles richtig gemacht! Das war die beste Idee, die wir je hatten«, nuschelte Freddi mit einem breiten Grinsen im Gesicht. Richtig, wenn

DAS unsere beste Idee war, wie schlecht waren dann die Ideen davor? Der Grundgedanke war ja keineswegs verkehrt, aber die Idee, die Nacht im Auto zu verbringen wäre im Sommer vielleicht ein bisschen besser gewesen als im Dezember. Temperaturen von minus sieben Grad machten die Situation nicht unbedingt gemütlicher. Es dauerte keine zwei Minuten, bis Freddi und ich die Kälte nicht mehr aushielten. »Mach mal bitte für zehn Minuten die Heizung an«, bibberte Freddi mit knirschenden Zähnen.

»Ja man, zehn Minuten müssen drin sein!«, antwortete ich ohne einen Moment zu überlegen, welche Folgen diese Entscheidung haben könnte. Im Auto wurde es warm und kuschelig. Und was musste wenig später natürlich passieren? Richtig, die Polizei klopfte an der Autoscheibe.

Ich weiß nicht, wie gut du dich mit dem Gesetz auskennst, aber sobald die Zündung im Auto eingeschaltet ist und man sich alkoholisiert auf dem Fahrersitz befindet, gilt dies als betrunkenes Fahren.

Der Polizist leuchtete mir mit seiner Taschenlampe ins Gesicht: »Hallo? Bitte aussteigen! Hier ist die Polizei!« Ich hielt meine Augen lange verschlossen und täuschte vor, noch zu schlafen, in der Hoffnung, dass die Polizei irgendwann verschwinden würde. Ja, kein guter Plan, ich weiß. Der Plan wurde auch durchgekreuzt, als Freddi mich wachschüttelte: »Digga, die Wachtmeister stehen draußen. Geh mal raus und frag, was die wollen. Bei dem Krach kann ja kein Mensch schlafen!« Er drehte sich um und schlief weiter. Natürlich wusste ich, was die von mir wollen. Eine Sekunde bevor ich ausstieg, sah ich in Gedanken noch meine Mutter vor mir, wie sie lächelnd vor mir steht. Mit einem Strick in der Hand.

Ich stieg aus. Zuerst wollte die Polizei wie gewohnt meinen Führerschein und die Fahrzeugpapiere sehen. Anschließend machten wir einen Alkohol- und Drogentest, aber die Polizisten hatten reichlich Zeit mitgebracht. Auf mich wartete das volle Programm.

Mir wurde auch relativ schnell deutlich gemacht, dass die Polizisten wenig Sinn für Humor hatten. Als es hieß, sie bräuchten eine Urinprobe, fragte ich nur: »Muss ich jetzt in den Becher pinkeln oder reicht auch meine getragene Boxershorts?« – »Willst du direkt mit in die Ausnüchterungszelle?«, schrie der Polizist, während er ein Gesicht machte wie ein wütender Jürgen Klopp.

Mein Kopf suchte nach Lösungen, wie ich mich am besten aus der Situation befreien könne. »Warum bin ich jetzt kein Mädchen? Dann müsste ich nur weinen. Soll ich meinen Blähungen freien Lauf lassen, in der Hoffnung, dass die Polizisten das Weite suchen?«, waren nur zwei sinnlose Gedanken, die in meinem Hirn herumschwebten. Letztendlich entschied ich mich für den Klassiker: Ich zeigte mich unwissend und ahnungslos. Die Polizei hätte am liebsten gesagt: »Komm schon, Junge, laber keinen Müll. Natürlich weißt du, was hier abgeht«. Da sie aber ihre Vorbildfunktion nicht verlieren durften, klärten sie mich sachlich über meinen Gesetzesverstoß auf. »NEIN?! WAS?! ERNSTHAFT?!«, waren drei Reaktionen, die ich immer vereinzelt im Sekundentakt in die Runde warf.

Als ich dann zu Wort kam, versuchte ich den Polizisten meine Situation zu erklären. »Erst mal muss ich sagen, wie unfassbar leid mir das Ganze tut! Ich war mir nicht im Klaren, dass ich gegen das Gesetz verstoße, wenn ich mich dazu entscheide, in einem warmen Auto zu schlafen. Ich ging davon aus, dass Alkohol am Steuer erst dann zum Delikt wird, wenn sich das Auto bewegt. Ich bin ein anständiger Bürger der Gesellschaft und lege höchsten Wert darauf, Gesetze zu beachten. Allein mit der Tatsache, dass ich mich gerade so sehr schäme, gegen das Gesetz verstoßen zu haben, bin ich zutiefst in meinem Innern schon bestraft genug!« Die Polizei zuckte nicht mal mit der Wimper.

Kurz bevor ich die Worte »Na ja, schlimmer kann es jetzt nicht mehr werden« aussprechen wollte, stieg Freddi aus. »Och hier, unser Freund und Helfer!«, rief er quer über den Parkplatz. Er strahlte über beide Ohren, als ob er sich wirklich gefreut hätte, die Polizei zu sehen.

Ich weiß nicht, was Freddi an sich hatte, abgesehen von seinem weißen T-Shirt voller Alkoholflecken. Ich weiß auch nicht, wie ich beschreiben soll, was da ablief. Es war eine Mischung aus Auf-gleicher-Wellenlänge-Sein und Flirten. Er nahm die ganze Schuld auf sich und erklärte, dass er um die Heizung gebettelt hätte, weil er Schüttelfrost bekommen habe. »Jeder gute Freund macht ohne zu zögern die Heizung an, wenn es dem besten Freund schlecht geht!«, sprach Freddi wie ein Priester zu den Polizisten.

Ich hielt es nicht für möglich, aber im Endeffekt ließ die Polizei doch mit sich reden. »Ich bin noch nie und werde auch nie betrunken Auto fahren!«, versicherte ich den Polizisten. Und davon war jedes Wort zu hundert Prozent so gemeint.

Wir mussten vor den Augen der Polizei ein Hotelzimmer buchen, um dort unseren Rausch auszuschlafen. Als es gebucht war, bedankte ich mich bei der Polizei für die Freundlichkeit. Freddi warf einen schmunzelnden Blick zu mir rüber: »Na los, ab ins Hotel, bin müde. Fahren wir! … Spaaaaaß!«, lachte er – und entschuldigte sich bei der Polizei für den schlechten Witz.

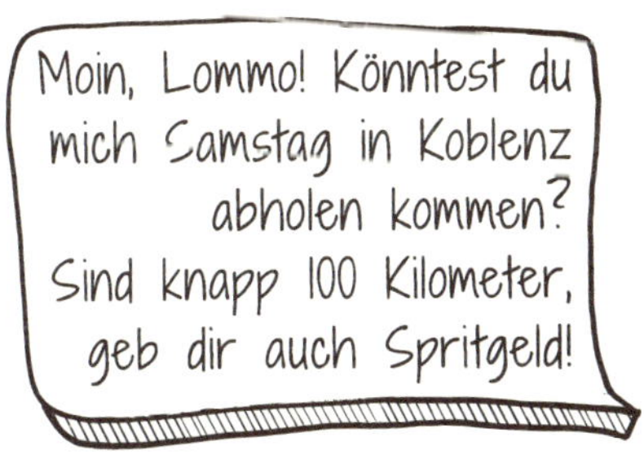

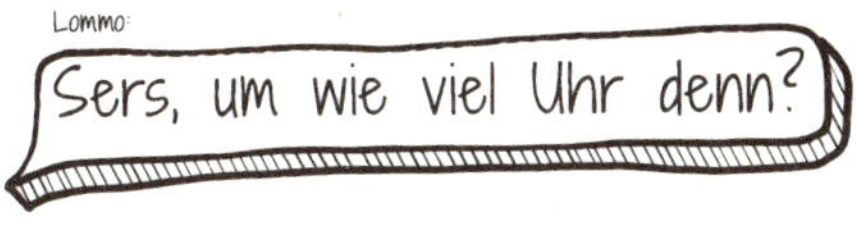

Irgendwann gegen frühen Abend, würde dir 1,5 Stunden vorher noch mal Bescheid geben.

Lommo:

Kein Thema, bekommen wir hin.

Samstag:

Alles klar, Lommo, bin hier in 90 Minuten fertig.

Lommo:

Okay, bis nachher.

2 Stunden später:

Lommo, wo bleibst du?

Lommo:

Bin unterwegs, beeile mich.

Alles cool, fahr vorsichtig und lass dich nicht blitzen!

Lommo:

Keine Sorge, das kann nicht passieren.

Moment mal, sag bloß, du fährst die 100 Kilometer mit dem Traktor??

Lommo:

Hab es mir auch schneller vorgestellt.

Okay, sehen uns dann 2089.

Lommo:

Aber auch nur, wenn kein Stau kommt.

Hahaha bis gleich.

Lommo:

Bis moin.

Danksagung

Wenn man schon ein ganzes Buch geschrieben hat, denkt man, die Danksagung kann doch nicht mehr so schwer sein. Mit der Tatsache, dass ich mich aber am liebsten bei jedem Einzelnen bedanken und hier und dort und dies und das schreiben würde, ist es dann aber auch nicht gerade einfach.

Zunächst beginne ich mit dir, meine Susi. Du hast die ersten Zeilen nicht etwa verdient, nur weil du meine Freundin bist, sondern weil du mich mit deiner Unterstützung sprachlos gemacht hast. Du hast mir durchgehend den Rücken freigehalten, dir jede Geschichte unzählige Male angehört, du wurdest von mir mitten in der Nacht geweckt, weil ich dein Feedback kaum erwarten konnte. Als wenn das nicht schon genug wäre, hast du dir für jede Geschichte viel Zeit genommen, um die Rechtschreibung und die Grammatik zu kontrollieren. Ich bin mir sicher, ohne deinen harten Fleiß wäre das Buch nicht so toll geworden, wie es jetzt ist. Danke, danke, danke! Ich liebe dich.

Weiter geht es mit dir, liebe Michaela! Danke für deine Unterstützung, die tolle Zusammenarbeit und jeden einzelnen Funken an Energie, den auch du in das Buch gesteckt hast! Selbstverständlich gilt das auch für das gesamte Team vom Heyne Verlag.

Bedanken möchte ich mich auch bei meinem ehemaligen Manager Peter Band, der mich erstmal auf die Idee gebracht hat, überhaupt ein Buch zu schreiben.

Wahrscheinlich denken meine Jungs jetzt gerade: »Diggaaaaaaaa, was ist mit uns, du Sack?«

Ihr seid jetzt dran.

Max: Eigentlich muss ich mich bei dir nicht bedanken, weil du mein bester Freund bist. Du hattest ehrlich gesagt keine andere Wahl, als mich zu unterstützen ☺ Aber hey, Küsschen aufs Nüsschen! Brüder für immer! Der nächste Döner geht auf mich.

Julian: Wir sind gefühlt schon seit dem Kindergarten befreundet, auch wenn wir uns erst seit zwei Jahren kennen. Danke für deinen ganzen Support, deine Ehrlichkeit und vor allem dafür, dass du nachts nicht ans Handy gehst. So einen Freund wie dich würde ich für nichts in der Welt eintauschen, außer gegen ein kaltes Bier. Aber dafür musst du Verständnis haben.

Sven: Same here. Eine Freundschaft, die zeigt, dass Entfernung kein Hindernis ist. Danke für alles. Ich hoffe aber, du bist dir im Klaren, dass ich dich nicht kostenlos hier in der Danksagung aufnehme. Meine Kontodaten hast du.

Andyyyyyyyyy: Unsere Freundschaft bedeutet mir echt viel! Dich habe ich sofort liebgewonnen, als wir uns kennenlernten. Richtiger Papa-Bär eben. Du bist auf jeden Fall das perfekte Vorbild dafür, wie Herzlich- und Menschlichkeit auszusehen haben. Der beste Veranstalter bist du übrigens auch! Gin Tonic 4 ever, mein Freund!

An alle Jungs, die ich vergessen habe, seid mir nicht böse! Erstens habe auch ich nur einen gewissen Platz für die Danksagung, zweitens bin ich zu faul ☺

Der letzte Abschnitt geht nämlich an die Person, die mir mehr bedeutet als alles andere auf der Welt! Meine geliebte Mama. Mutterherz, kaum in Worte zu fassen, mit wie viel Liebe und Zuneigung du mich unterstützt. Du stärkst mir immer den Rücken, gibst mir Kraft und glaubst an mich. Wenn es nach dir gegangen wäre, hätte das Buch 857 374 849 Seiten, da du immer mehr lesen wolltest vor Stolz. Danke, danke, danke! Ich liebe dich für immer und ewig, dein Sohn Kevin.